조영경 엮음

지경사

엮은이 조영경

아이들이 바른 생각과 따뜻한 마음을 키우는 데 도움이 될 책을 쓰고, 일본어를 우리 말로 옮기는 일을 하고 있어요. 지금까지 지은 책에 <자기주도> <자기주도 토론·논술쓰기> <내 공부 습관이 어때서> <초등 1학년 독서록 잘 쓰는 방법 20> <얼렁뚱땅 과자나라> <대한민국 트렌드> <5대짱 되는 좋은 습관 65가지> <호기심 특급 해결 - 인문학 상식> 등이 있으며, 일본어를 우리 말로 옮긴 책에 <니안짱> <하나하나와 민미 이야기> 시리즈와 <크레용 왕국> 시리즈 등이 있어요.

초등 교양 200

2024년 8월 30일 초판 1쇄 발행

엮은이 조영경
그린이 권석란·박지연
펴낸이 김병준
펴낸곳 (주)**지경사**
주　소 서울특별시 강남구 논현로 71길 12
전　화 02)557-6351(대표) 02)557-6352(팩스)
등　록 제10-98호(1978. 11. 12)

편집 책임 한은선　**디자인** 이수연
ISBN 978-89-319-3450-2 (73030)
잘못 만들어진 책은 구입하신 곳에서 바꾸어 드립니다.

들어가며

　'꼬리를 물다'라는 말이 있어요. 소문이나 사건 등이 계속 이어진다는 뜻이에요. 그런데 상식이나 지식 그리고 교양도 꼬리를 물어요. 하나의 이야기에서 끝나는 것이 아니라 여러 분야에 걸쳐 두루두루 연결되어 있거든요.

　'전쟁' 하면 나라 사이의 싸움인 것 같지만 역사와 정치 그리고 경제와 문화가 함께 이어지기도 해요. 예를 들어 십자군 전쟁은 기독교와 이슬람교가 예루살렘을 차지하기 위해 벌인 종교 전쟁이에요. 그런데 십자군 전쟁으로 유럽과 중동 지역이 활발하게 무역을 할 수 있게 되었고, 나중에는 옛 문화를 부흥하자는 르네상스의 계기가 되었어요. 또 만리장성을 왜 쌓았는지, '시치미'나 '보이콧' 같은 말은 어디에서 시작되었는지 유래를 파헤치면 역사적인 배경도 알 수 있어요. 무지개가 뜨는 원리에서 빛의 굴절을 배우고 인체의 신비를 통해 과학 상식을 더 높이 쌓을 수 있지요.

　상식이 알아야 할 지식이라면, 교양은 우리 주변의 생활에서 얻는 폭넓은 지식이라고 할 수 있어요. 상식이 많을수록 교양도 더 넓어지지요.

　이 책에는 과학, 역사, 정치, 사회, 문화, 스포츠 등 여러 분야에 걸친 상식과 교양을 담았어요. 여러 분야를 다루어 연결되는 꼬리들이 많아요. 각 이야기에서 다음 꼬리를 찾아보세요. 읽으면 읽을수록 더 긴 꼬리를 만들 수 있을 거예요.

엮은이 조영경

차례

과학 * 자연 * 기술

- 아르키메데스가 외친 '유레카'는 무슨 뜻일까? ······ 10
- 아내에게 선물하기 위해 발명한 가전제품은? ······ 11
- 가장 먼저 전화기 특허권을 딴 사람은 누구일까? ······ 12
- 지구 중심에서 끌어당기는 힘을 무엇이라고 할까? ······ 13
- 불을 처음 사용한 인류는 누구일까? ······ 14
- 최초의 컴퓨터 이름은 무엇일까? ······ 15
- 군사용 레이더를 연구하다 발명한 것은? ······ 16
- 별은 왜 반짝거릴까? ······ 17
- 별자리는 누가 만들었을까? ······ 18
- 스스로 빛을 내는 별을 무엇이라고 할까? ······ 19
- 중력이 강해서 빛도 빠져나올 수 없는 곳은? ······ 20
- 달이 태양을 가리는 현상을 무엇이라고 할까? ······ 21
- 최초로 달에 다녀온 사람은 누구일까? ······ 22
- 76년마다 지구에 찾아오는 손님은 누구일까? ······ 23
- 무지개는 왜 일곱 빛깔일까? ······ 24
- 지진은 왜 일어날까? ······ 25
- 화산은 왜 폭발하는 걸까? ······ 26
- 남극과 북극 중 어디가 더 추울까? ······ 27
- 나침반의 바늘은 왜 항상 북쪽을 가리킬까? ······ 28
- 사하라 사막의 모래는 어디에서 왔을까? ······ 29
- 바닷물은 왜 짤까? ······ 30
- 바다는 왜 파랗게 보일까? ······ 31
- 밀물과 썰물은 왜 생길까? ······ 32
- 갯벌을 '지구의 무엇'이라고 부를까? ······ 33
- 태풍의 이름은 누가 짓는 걸까? ······ 34
- 천둥과 번개는 왜 같이 다닐까? ······ 35
- 눈 내리는 날은 왜 더 조용할까? ······ 36
- 얼음은 투명한데 눈은 왜 흰색일까? ······ 37
- 왜 1시간은 60분, 1분은 60초일까? ······ 38
- 아라비아 숫자는 어느 나라에서 만들었을까? ······ 39
- 수학의 노벨상을 무엇이라고 할까? ······ 40
- 과자 봉지는 왜 빵빵할까? ······ 41
- 유리는 액체일까, 고체일까? ······ 42
- 탄산음료 캔 바닥은 왜 오목할까? ······ 43

역사 * 정치 * 사회

- '르네상스'는 무슨 뜻일까? ······ 46
- 황허강에서 시작된 문명은 무엇일까? ······ 47
- 이집트 문명은 어디에서 시작되었을까? ······ 48
- 메소포타미아 문명은 어떤 문자를 사용했을까? ······ 49
- '인도'라는 이름은 어디에서 비롯되었을까? ······ 50

남북 전쟁은 왜 일어났을까? ············ 51
우리나라 휴전선은 왜 생겼을까? ············ 52
사람들이 십자군 전쟁에 참가한 이유는 무엇일까? ············ 53
영국과 프랑스가 가장 오래 한 전쟁은 몇 년 동안일까? ············ 54
미국 독립 전쟁이 일어나게 된 사건은? ············ 55
홍콩은 왜 영국의 식민지가 되었을까? ············ 56
베트남 전쟁은 왜 일어났을까? ············ 57
왜 히로시마에 원자 폭탄이 떨어졌을까? ············ 58
왜 신라에만 여왕이 있었을까? ············ 59
광개토 대왕릉비는 어디에 있을까? ············ 60
왜 어떤 왕은 '종'이고, 어떤 왕은 '조'일까? ············ 61
조선 시대의 신분증은 무엇일까? ············ 62
독일을 둘로 나누었던 장벽은? ············ 63
미국 세계 무역 센터 빌딩이 무너진 사건은? ············ 64
삼권 분립이 무엇일까? ············ 65
우리나라 정부 형태는 무엇일까? ············ 66
영국과 일본의 정부 형태는 무엇일까? ············ 67
왕이 나라를 다스리는 정부 형태는 무엇일까? ············ 68
정치적으로 생각이 같은 사람들이 모인 단체는? ············ 69
'풍선 효과'란 무엇일까? ············ 70
노인 인구의 비율이 높아지는 것을 무엇이라고 할까? ············ 71
작은 변화가 엄청난 결과로 이어지는 현상을 뜻하는 말은? ············ 72
지역 이기주의를 무엇이라고 할까? ············ 73
국민의 주권을 대신 행사하는 사람은? ············ 74
재판은 몇 번까지 할 수 있을까? ············ 75

문화 * 예술 * 세계

아테나 여신에게 바친 신전은? ············ 78
'앙코르 와트'는 무슨 뜻일까? ············ 79
피사의 사탑은 왜 쓰러지지 않을까? ············ 80
베르사유 궁전에는 정말 화장실이 없었을까? ············ 81
프랑스에서 미국에 선물한 유명한 기념물은? ············ 82
시드니의 오페라 하우스는 무엇을 본떠 만들었을까? ············ 83
북쪽 울안에 전통 궁궐 정원인 후원이 있는 곳은? ············ 84
우리나라 최초의 세계 문화유산은 무엇일까? ············ 85
국보와 보물을 정하는 기준은? ············ 86
오페라와 뮤지컬은 뭐가 다를까? ············ 87
부활절은 무슨 날일까? ············ 88
교황은 어느 종교의 최고 지도자일까? ············ 89
절은 왜 대부분 산에 있을까? ············ 90
라마단 기간에 금식하는 종교는? ············ 91
영화 등급은 누가 정할까? ············ 92
'블록버스터'라는 말은 어디에서 유래했을까? ············ 93

아카데미상 트로피 이름은 무엇일까? ····· 94
미켈란젤로는 어떻게 천장에
그림을 그렸을까? ····· 95
밀레의 <만종> 속 부부는 왜 들판에서
고개를 숙이고 있을까? ····· 96
설날에는 왜 떡국을 먹을까? ····· 97
김치는 언제부터 먹었을까? ····· 98
왜 13일의 금요일을 싫어할까? ····· 99
생일 축하 노래는 누가 만들었을까? ····· 100
장례식 때 왜 검은색 옷을 입을까? ····· 101
어버이날에는 왜 카네이션을 달까? ····· 102
결혼식에서 신부는 왜 부케를 던질까? ····· 103
결혼반지는 왜 넷째 손가락에 낄까? ····· 104
옛날에는 왜 빠진 이를 지붕에 던졌을까? ····· 105
네 잎 클로버는 왜
행운의 상징이 되었을까? ····· 106
토마토 던지기 축제가 열리는 나라는? ····· 107
잔칫날에는 왜 국수를 먹을까? ····· 108
견우와 직녀가 만나는 다리는
누가 만들까? ····· 109

문학 ★ 철학 ★ 말과 글

'주사위는 던져졌다'는 누가 한 말일까? ····· 112
'인생은 짧고 예술은 길다'는
누가 한 말일까? ····· 113
'검은 고양이든 흰 고양이든

'쥐만 잘 잡으면 된다'는 무슨 뜻일까? ····· 114
세상에서 가장 많이 사용하는 언어는
무엇일까? ····· 115
그리스 신화에서 발뒤꿈치에 화살을 맞고
죽은 영웅은? ····· 116
'보이콧'은 무슨 뜻일까? ····· 117
가장 유명한 디데이는 언제일까? ····· 118
흔히 '거짓 눈물'을
누구의 눈물이라고 할까? ····· 119
매의 이름표를 가리키는 말은? ····· 120
범인을 찾기 위해 만든 사진을
무엇이라고 할까? ····· 121
예수의 가르침을 담은 책의 이름은? ····· 122
그리스 로마 신화는
어떤 신의 이야기일까? ····· 123
'죽느냐 사느냐 그것이 문제로다'라는
대사로 유명한 작품은? ····· 124
허준이 쓴 의학 백과사전은? ····· 125
안네는 왜 일기를 썼을까? ····· 126
'동화의 아버지'라고 불리는 작가는
누구일까? ····· 127
<로미오와 줄리엣>의 작가는 누구일까? ····· 128
<부활>의 작가는 누구일까? ····· 129
<어린 왕자>의 작가는 누구일까? ····· 130
<논어>는 누구의 말을 모은 책일까? ····· 131
'악법도 법이다'라고 말한 철학자는? ····· 132
아카데미를 세워 학생을 가르친
철학자는? ····· 133
알렉산드로스 대왕의 스승이었던
철학자는? ····· 134

'나는 생각한다, 고로 나는 존재한다'고 말한 철학자는? ……………………… 135
'신은 죽었다'고 말한 철학자는? ……………… 136
시계처럼 규칙적이었던 것으로 유명한 철학자는? ………………………… 137

동물 * 식물 * 인체

감기와 독감은 같은 걸까? ……………… 140
쥐벼룩이 옮기는 무서운 병의 이름은? …… 141
눈은 왜 두 개일까? ……………………… 142
오줌을 누면 왜 몸이 떨릴까? …………… 143
레몬을 생각만 해도 왜 입에 침이 고일까? 144
눈썹은 왜 길게 자라지 않을까? ………… 145
피부 색깔은 왜 서로 다를까? …………… 146
흰머리와 새치는 무엇이 다를까? ……… 147
배가 고프면 왜 꼬르륵 소리가 날까? …… 148
하품을 하면 왜 눈물이 날까? …………… 149
달리기를 하면 왜 심장이 빨리 뛸까? …… 150
오줌은 어디에서 만들까? ………………… 151
우리 몸의 독소는 어디에서 분해할까? … 152
우리 몸에서 숨을 쉬게 해 주는 기관은? … 153
우리 몸에서 평형을 유지하는 역할을 하는 곳은? ………………………………… 154
여자는 왜 생리를 할까? ………………… 155
공룡은 왜 사라졌을까? ………………… 156

펭귄은 왜 뒤뚱뒤뚱 걸을까? …………… 157
토끼의 눈은 왜 빨간색일까? …………… 158
카멜레온처럼 몸 색깔을 주위와 비슷하게 만드는 색은? ……………………………… 159
고래는 왜 물을 뿜을까? ………………… 160
물고기는 왜 눈을 깜빡이지 않을까? …… 161
물고기 몸은 왜 미끈미끈할까? ………… 162
가을이 되면 왜 단풍이 들까? …………… 163
선인장은 어느 부분이 잎일까? ………… 164
맹그로브는 어떻게 번식할까? ………… 165
끈끈이주걱은 영양분을 어떻게 얻을까? … 166
체체파리에 물리면 어떻게 될까? ……… 167
벌집은 왜 육각형일까? ………………… 168
반딧불이는 어떻게 빛을 내는 걸까? …… 169

불가사의 * 인물 * 스포츠

이집트 기자의 대피라미드는 누구의 무덤일까? ………………………… 172
만리장성의 길이는 얼마나 될까? ……… 173
'마추픽추'는 무슨 뜻일까? ……………… 174
타지마할은 누구를 위해 지었을까? …… 175
로마 원형 경기장은 무엇으로 쓰였을까? · 176
'스톤헨지'는 무슨 뜻일까? ……………… 177
나스카 지상화는 누가 그렸을까? ……… 178
이스터섬에 있는 거대한 석상의 정체는? · 179

<모나리자>를 그린 화가는 누구일까? ···· 180
베토벤은 어떤 병을 앓았을까? ········· 181
갈릴레이는 왜 종교 재판을 받았을까? ···· 182
노벨은 왜 노벨상을 만들었을까? ······ 183
'음악의 신동'이라 불린 오스트리아의
음악가는? ································· 184
'등불을 든 천사'라 불린
영국의 간호사는? ························ 185
다윈이 쓴 책은 무엇일까? ·············· 186
아프리카 사람들은 슈바이처를 무엇이라고
불렀을까? ································· 187
노벨상을 두 번이나 탄 여성 과학자는? ···· 188
노예 해방 선언을 한 대통령은? ········ 189
남아프리카 공화국 최초의
흑인 대통령은? ··························· 190
신대륙을 발견한 탐험가는? ············ 191
최초로 남극점 탐험에 성공한 사람은? ···· 192
올림픽 우승자에게 주었던 나뭇가지는? ···· 193
근대 올림픽을 창시한 사람은 누구일까? ·· 194
마라톤은 왜 42.195km를 달릴까? ···· 195
왜 월드컵엔 나라, 올림픽엔 도시 이름이
붙을까? ··································· 196
왜 골키퍼만 유니폼이 다를까? ········ 197

경제 ✱ 직업 ✱ 생활

물건 값은 왜 오르락내리락할까? ······ 200

세계 대공황은 왜 일어났을까? ········ 201
금융 실명제는 왜 하는 걸까? ·········· 202
'인플레이션'이란 무엇일까? ············ 203
'금리'란 무엇일까? ······················· 204
M&A는 무슨 뜻일까? ··················· 205
벤치마킹은 어떻게 하는 것일까? ····· 206
'스톱옵션'이 무엇일까? ················· 207
'서킷 브레이커'란 무엇일까? ··········· 208
'국내 총생산'이란 무엇일까? ··········· 209
FTA는 무엇을 말할까? ·················· 210
주식은 왜 발행하는 걸까? ·············· 211
우리나라 최초의 화폐는 무엇일까? ···· 212
세금은 왜 내야 할까? ··················· 213
로마 시대에는 봉급으로
무엇을 주었을까? ························ 214
국가가 설립해서 운영하는 회사는? ·· 215
청바지는 누가 처음 입었을까? ········ 216
햄버거는 언제 만들어졌을까? ········· 217
컴퓨터로 범죄를 저지르는 사람을
무엇이라고 할까? ························ 218
연은 처음에 어떤 용도로 쓰였을까? ···· 219
우리나라 고유의 난방 시설은? ········ 220
'착한 커피'란 어떤 커피일까? ·········· 221

✱ 세계 역사 속 전쟁의 원인과 결과 ······ 222
✱ 사진 출처 ································ 224

1장

과학 · 자연 · 기술

part. 1
과학·자연·기술

• 발견 •
아르키메데스가 외친 '유레카'는 무슨 뜻일까?

① 재미있다 ② 알았다 ③ 맛있다

1. 아르키메데스

고대 그리스의 수학자이자 물리학자인 아르키메데스는 목욕탕에 갔다가 고민하던 문제의 답이 번뜩 떠올랐어요. 부력의 원리인 '아르키메데스의 원리'를 발견하고는 너무나 기쁜 나머지 옷도 제대로 입지 않고 "유레카!"라고 외치며 밖으로 뛰쳐나갔다고 해요.

2. 왕관에 숨은 비밀

아르키메데스가 알게 된 것은 물체를 물 속에 넣었을 때 넘쳐흐르는 물의 부피가 바로 그 물체의 부피라는 사실이에요. 이 방법으로 아르키메데스는 시라쿠사 왕이 명령한 왕관의 밀도를 계산했어요. 금세공업자가 왕관에 은을 섞어 속인 것을 밝혀냈지요.

[아하! 정답] ②. '유레카(eureka)'는 헬라어로 '알았다' '찾았다'라는 뜻이에요.

똑 똑 퀴 즈

• 발명 •

아내에게 선물하기 위해 발명한 가전제품은?

① 냉장고   ② 세탁기   ③ 텔레비전

셋 다 선물로 받으면 좋겠다.

더 알아봐요! 쏙 쏙 교양

1. 아내를 위한 남편의 선물

빨래는 힘든 집안일 중 하나예요. 그래서 1874년에 미국의 블랙스톤은 힘든 아내를 위한 생일 선물로 세탁기를 만들었어요. 비록 나무통에 손으로 돌리는 수동식이었지만 그 후 많은 발전을 거쳐 1908년 앨버 피셔가 전기 모터가 달린 세탁기를 만들었지요.

2. 편리함을 안겨 준 기계

전기세탁기는 물과 전기를 한꺼번에 사용하기 때문에 처음에는 감전되기 쉬웠어요. 또 가정에 전기가 충분히 공급되어야 했지요. 1930년대가 되어서야 감전이나 누전 걱정 없는 세탁기가 나왔고, 이어서 탈수기를 분리할 필요가 없는 완전 자동 세탁기가 나왔어요. 요즘 많이 쓰는 드럼 세탁기는 1908년 앨버 피셔가 발명해 1910년에 특허를 얻었어요.

[아하! 정답] ②. 인류 역사에 큰 영향을 끼친 세계 4대 발명은 종이, 나침반, 화약, 인쇄술이에요.

part. 1
과학 · 자연 · 기술

똑똑 퀴즈

• 발명 •

가장 먼저 전화기 특허권을 딴 사람은 누구일까?

① 벨   ② 에디슨   ③ 노벨

쏙쏙 교양

1. 전화기의 발명과 특허

전화기는 예전부터 많은 사람들이 연구하고 개발하고 있었어요. 듣지 못하는 아이들을 가르치던 영국 태생의 미국 과학자 알렉산더 그레이엄 벨도 자석식 전화기를 발명하고 특허를 신청했지요. 그런데 1876년 같은 날, 발명가 엘리사 그레이도 특허 신청을 냈어요. 몇 시간 차이로 전화기 발명 공식 특허권은 벨에게 돌아갔지요.

2. 휴대폰과 스마트폰

최초로 휴대폰을 개발한 사람은 미국의 마틴 쿠퍼예요. 1973년 첫 통화에 성공했지만 일반인도 사용할 수 있는 휴대폰은 1983년 모토로라에서 출시했어요. 당시 휴대폰은 길이 33cm에 800g이나 돼 '벽돌폰'이라고 불렸지요. 휴대폰에 이메일과 팩스 기능을 추가한 스마트폰은 1992년에 개발되었어요.

[아하! 정답] ①. 벨이 전화기에 대고 처음 한 말은 "왓슨, 이쪽으로 좀 와 주게!"였다고 해요.

part. 1
과학·자연·기술

똑똑 퀴즈

• 발견 •

지구 중심에서 끌어당기는 힘을 무엇이라고 할까?

① 중력 ② 압력 ③ 마력

으악, 지구가 나를 끌어당겨!

더 알아봐요!
쏙쏙 교양

1. 뉴턴

영국의 물리학자 뉴턴은 나무에서 떨어지는 사과를 보고 만유인력의 법칙을 발견했어요. '만유인력'은 물체가 서로 잡아당기는 힘을 말해요. 지구의 중심에서 잡아당기는 힘인 중력도 만유인력이지요. 우리가 지구에서 떨어지지 않는 것도 중력의 작용 때문이에요.

2. 뉴턴의 3가지 운동 법칙

어떤 힘을 받지 않으면 물체는 정지 또는 운동 상태를 유지한다는 관성의 법칙, 움직이는 물체의 가속도는 힘이 작용하는 방향으로 일어나며, 그 힘의 크기에 비례한다는 가속도의 법칙 그리고 한 물체가 다른 물체에 힘을 적용하면 다른 물체도 똑같은 힘으로 반응하는 작용 반작용의 법칙이 뉴턴의 3가지 운동 법칙이에요.

[아하! 정답] ①. 태양계의 행성들이 서로 부딪히지 않는 것도 태양과 잡아당기는 힘이 일정하기 때문이에요.

part. 1
과학 · 자연 · 기술

똑 똑 퀴 즈

• 발견 •

불을 처음 사용한 인류는 누구일까?

① 오스트랄로피테쿠스　② 호모 에렉투스　③ 네안데르탈인

쏙 쏙 교 양

1. 인류의 진화

300만 년 전쯤에 살았던 최초의 인류 오스트랄로피테쿠스는 현생 인류와 모습은 다르지만 두 발로 걸을 수 있었어요. 이후 호모 에렉투스가 나타났어요. 호모 에렉투스는 오스트랄로피테쿠스보다 도구를 더 많이 사용할 줄 알았고 언어와 불을 사용할 줄 알았지요.

2. 인류와 불

불을 사용하면서 인류의 생활이 많이 바뀌었어요. 불을 피워 따뜻하게 생활할 수 있게 되자 추운 지방까지 활동 범위가 넓어졌고, 음식을 익혀 먹어 병이나 탈이 나지 않아 더 오래 살게 되었지요. 또 그릇을 굽기도 하고 금속을 녹여 무기를 만들기도 했어요.

[아하! 정답] ②. 오스트랄로피테쿠스는 '남방 원숭이', 호모 에렉투스는 '똑바로 선 사람'이라는 뜻이에요.

part. 1
과학·자연·기술

●발명●

똑똑 퀴즈

최초의 컴퓨터 이름은 무엇일까?

① 소프트   ② 에니악   ③ 피씨

쏙쏙 교양

1. 최초의 컴퓨터

1946년, 최초의 컴퓨터를 만들었어요. '에니악'이라고 불린 이 컴퓨터는 무게가 27톤이나 되었고 설치하려면 $167m^2$(약 50평)나 되는 넓은 공간이 필요했어요. 그 후 반도체가 만들어지면서 작고 편리한 기계가 되었지요.

2. 이진법

컴퓨터에는 0과 1만 사용하는 이진법을 사용해요. 전기 회로에 수를 입력할 때 이진법이 효과적이기 때문이지요. 우리가 평소에 사용하는 것은 10진법으로 0에서 9까지의 숫자를 써서 10배마다 윗자리로 올려 나아가는 표시 방법이에요.

[아하! 정답] ②. 컴퓨터(computer)는 '계산하다'라는 뜻을 가진 라틴어 콤푸타레(computare)에서 유래했어요.

part. 1
과학 · 자연 · 기술

• 발명 •

똑 똑 퀴 즈

군사용 레이더를 연구하다 발명한 것은?

① 컴퓨터   ② 전자레인지   ③ 라디오

전자기파를 이용한대.

더 알아봐요!
쏙 쏙 교 양

1. 마이크로파

레이더를 연구하던 미국의 과학자 퍼시 스펜서는 우연히 마이크로파가 발생하는 마크네트론 옆에 있다가 주머니 속 초콜릿이 녹는 것을 알았어요. 마이크로파가 물체의 분자를 흔들어 열을 낸 것이지요. 이렇게 불이 없어도 음식을 데우거나 조리할 수 있는 편리한 전자레인지가 발명되었어요.

2. 회전 운동

마이크로파는 1mm에서 1m까지 파장을 지니는 전자기파예요. 전자레인지에 음식을 넣고 시동 버튼을 누르면 회전판이 돌면서 여러 방향에서 마이크로파가 투과돼요. 그러면 음식 속 물분자가 마이크로파의 에너지를 흡수해 회전 운동을 하고 온도가 올라 음식이 조리되지요.

[아하! 정답] ②. 전자레인지가 처음 나왔을 때는 높이가 2m나 되었다고 해요.

part. 1
과학·자연·기술

똑똑 퀴즈

• 우주

별은 왜 반짝거릴까?

① 지구의 대기 때문에
② 별의 가스 때문에
③ 태양이 눈부시기 때문에

쏙쏙 교양

1. 별의 온도와 밝기

별은 크기가 크고 온도가 높을수록 밝아요. 온도가 낮으면 붉은색에 가깝고 온도가 높으면 푸른색에 가깝지요. 빛의 속도는 엄청 빨라서 1초에 약 30만 km를 옮겨 간다고 해요. 그런데 우주가 넓다 보니 지구에 도착하는 데 꽤 시간이 걸려요. 태양의 빛도 지구에 도착하는 데 약 8분이 걸린다고 해요.

2. 굴절

지구에 닿은 태양 빛은 대기와 만나요. 대기는 여러 층으로 이루어져 있고, 각 층마다 구성 성분과 밀도, 온도가 달라 굴절 정도도 다르지요. 그래서 빛이 흡수 또는 산란되어 별이 반짝이는 것처럼 보이는 거예요. 대기가 없는 달에서 보면 별은 반짝이지 않아요.

[아하! 정답] ①. 지금은 망원경이 발달해 별의 밝기가 0~8등급으로 나뉘어요.

part. 1
과학 · 자연 · 기술

• 우주 •

별자리는 누가 만들었을까?

① 과학자　② 유목민　③ 왕

사자자리, 전갈자리...
누가 지었을까?

1. 별과 날씨

계절마다 해와 달이 뜨는 시간과 위치가 달라지듯 별도 마찬가지예요. 그래서 옛날 사람들은 별이 움직이는 것을 보고 계절을 예측했어요. 특히 농사를 짓는 데 계절의 변화를 아는 것은 아주 중요했지요. 하늘의 별을 찾기 쉽게 몇 개씩 이어 동물이나 신화 속 인물의 이름을 붙인 것을 '별자리'라고 해요.

2. 별자리 이름

약 5,000년 전부터 티그리스강과 유프라테스강 유역에 살던 유목민들은 별을 관찰해 별자리를 만들었어요. 또한 뱃사람들이 별자리에 이름을 붙이기도 했지요. 바다를 항해할 때 별자리가 중요한 길잡이 역할을 하거든요. 그 후에도 많은 별자리들이 정해지자 국제 천문학 연맹(IAU)에서 별자리를 88개로 정리했어요.

[아하! 정답] ②. 우리나라에서 완전하게 볼 수 있는 별자리는 67개라고 해요.

part. 1
과학 · 자연 · 기술

• 우주

스스로 빛을 내는 별을 무엇이라고 할까?

① 행성   ② 항성   ③ 위성

1. 태양계

태양과 태양을 중심으로 공전하는 천체를 '태양계'라고 해요. 모든 천체가 빛을 내는 것은 아니에요. 태양은 스스로 빛을 내는 '항성'이지만 지구를 비롯해 태양 주위를 도는 8개의 천체는 빛을 내지 못하는 '행성'이지요. 행성의 인력에 의해 그 둘레를 도는 천체를 '위성'이라고 해요. 달은 지구의 위성이에요.

2. 달과 금성

밤하늘을 환하게 밝히는 달은 스스로 빛을 내지 못해요. 다만, 태양 빛을 반사시켜 빛나는 것처럼 보이는 것이지요. 저녁 하늘에 가장 먼저 보이는 금성(샛별)도 태양 빛을 반사시켜 반짝이는 것처럼 보이는 행성이에요.

[아하! 정답] ②. 태양계에서 항성은 태양 하나뿐이에요.

part. 1
과학·자연·기술

똑똑 퀴즈

• 우주 •

중력이 강해서 빛도 빠져나올 수 없는 곳은?

① 블랙홀   ② 웜홀   ③ 화이트홀

쏙쏙 교양

1. 아인슈타인

천재 과학자 아인슈타인은 '상대성 이론'으로 블랙홀이 만들어질 수 있다는 것을 밝혔어요. 질량이 아주 큰 별이 붕괴되어 강력하게 수축하면 엄청난 밀도와 중력을 갖게 돼요. 그리고 엄청난 중력이 모든 것을 빨아들인다고 해요.

2. 화이트홀

블랙홀이 모든 것을 빨아들이는 것과 반대로 밖으로 밀어내는 천체는 '화이트홀'이라고 해요. 아직 이론만 있을 뿐 증명되지는 않았어요. 블랙홀과 화이트홀을 연결하는 통로를 '웜홀'이라고 해요. 웜홀은 우주 공간의 이동 통로로 알려져 어쩌면 시간 여행이 가능할 수도 있다고 추측하고 있어요.

[아하! 정답] ①. '블랙홀(black hole)'은 빛을 전혀 내보내지 않아 발견하기 힘들다고 해요.

part. 1
과학·자연·기술

똑똑 퀴즈

• 우주 •

달이 태양을 가리는 현상을 무엇이라고 할까?

① 월식   ② 일월   ③ 일식

달이 해를 꿀꺽 삼켰나?

쏙쏙 교양

1. 태양-달-지구

태양과 지구 그리고 달이 공전하다 보면 일직선상에 놓일 때가 있어요. 이때 달이 태양의 일부나 전부를 가리는 현상을 '일식'이라고 해요. 달이 지구보다 작기 때문에 일식은 일부 지역에서만 볼 수 있어요. 태양이 달에 완전히 가려지면 '개기 일식', 일부만 가려지면 '부분 일식'이라고 해요.

2. 태양-지구-달

태양, 지구, 달 순서로 늘어서 달이 지구 그림자에 완전히 가려지는 현상을 '월식'이라고 해요. 달 전체가 보이지 않는 것을 '개기 월식', 일부가 보이지 않는 것을 '부분 월식'이라고 해요.

[아하! 정답] ③. 달이 태양 한가운데만 가려 마치 금반지처럼 둘레가 보이는 것을 '금환 일식'이라고 해요.

part. 1
과학·자연·기술

똑똑 퀴즈

• 우주 •

최초로 달에 다녀온 사람은 누구일까?

① 라이카 　② 암스트롱 　③ 가가린

쏙쏙 교양

1. 최초의 우주선

1957년 소련에서 최초의 우주선인 스푸트니크 1호를 발사했어요. 당시에는 아무도 타지 않았고, 한 달 뒤 스푸트니크 2호가 '라이카'라는 개를 태우고 발사에 성공했어요. 그 후 1961년에 '유리 가가린'이 인류 최초로 우주 비행에 성공했어요.

2. 가장 위대한 걸음

소련보다 우주 경쟁에서 뒤처진 미국은 인간이 달에 다녀오는 '아폴로 계획'을 세웠어요. 그리고 1969년, 아폴로 11호가 달에 착륙해 닐 암스트롱이 최초로 달 표면에 발자국을 남겼지요. 암스트롱은 "이것은 한 인간에게는 한 걸음이지만 인류에게는 위대한 도약이다."라는 말을 남겼어요.

[아하! 정답] ②. 우주 왕복선은 여러 번 우주에 다녀올 수 있도록 개발한 우주선이에요.

part. 1
과학 · 자연 · 기술

똑똑 퀴즈

• 우주 •

76년마다 지구에 찾아오는 손님은 누구일까?

① 아틀라스 혜성   ② 핼리 혜성   ③ 나오와이즈 혜성

1. 혜성

혜성은 긴 꼬리를 가진 천체예요. 얼음과 먼지로 이루어져 있고 태양과 가까워지면 태양열 때문에 얼음이 증발하면서 발생한 가스들이 긴 꼬리를 만들어요. 꼬리 길이가 1억 km를 넘기도 한대요. 혜성은 태양 주위를 돌기도 하고 다른 행성과 부딪혀 부서지기도 해요.

2. 76년마다 찾아오는 손님

영국의 천문학자인 에드먼드 핼리는 처음으로 76년마다 찾아오는 혜성의 궤도와 궤도 주기를 계산했어요. 그리고 그의 이름에서 '핼리 혜성'이라는 이름이 붙었지요. 명왕성 가까이에 존재하며 기원전에도 핼리 혜성을 보았다는 기록이 전해지고 있어요.

[아하! 정답] ②. 혜성이 지나갈 때 떨어지는 먼지들이 별똥별을 만들기도 해요.

part. 1
과학·자연·기술

똑똑 퀴즈

• 지구 •

무지개는 왜 일곱 빛깔일까?

① 무지개가 기본색이기 때문에
② 행운의 색깔만 모았기 때문에
③ 빛의 굴절, 반사 때문에

신화에서 무지개는 하늘과 땅을 잇는 다리래.

더 알아봐요! 쏙쏙 교양

1. 무지개는 왜 생길까?

무지개는 공중에 있는 물방울이 햇빛을 받아 나타나는 현상이에요. 주로 비가 그친 뒤 태양 반대쪽에서 볼 수 있지요. 햇빛이 물방울에 의해 굴절, 반사되어 여러 빛깔이 나타나는 것인데, 우리 눈에는 가시광선에 해당하는 보라색에서 붉은색까지의 빛이 무지개로 보이는 거예요.

2. 일곱 빛깔 무지개

무지개는 바깥쪽에서부터 빨강, 주황, 노랑, 초록, 파랑, 남색, 보라색이에요. 파장이 가장 짧은 보라색이 많이 꺾이고, 파장이 가장 긴 빨간색이 덜 꺾이기 때문에 바깥쪽이지요. 쌍무지개의 경우 첫 번째 무지개 위로 보이며 색깔 배열은 반대가 돼요.

[아하! 정답] ③. 무지개는 원래 둥근 원 모양인데 땅 때문에 반원으로 보이는 거예요.

part. 1
과학 · 자연 · 기술

똑똑 퀴즈

• 지구 •

지진은 왜 일어날까?

① 엄청난 태풍이 불어서
② 땅속 생물이 한꺼번에 움직여서
③ 맨틀이 움직이기 때문에

땅속은 어떻게 생겼을까?

더 알아봐요! 쏙쏙 교양

1. 지구의 속

지구는 바깥쪽부터 지각, 맨틀, 핵의 순서로 이루어져 있어요. 우리가 밟고 있는 지각은 단단하지만 그 아래 맨틀은 온도가 높고 말랑말랑해요. 이 맨틀이 움직이면서 지각을 서로 밀어내는데, 그 힘을 견디지 못하고 땅이 갈라질 때 지진이 생겨요.

2. 쓰나미

지진은 땅뿐만 아니라 바닷속에서도 일어나요. 특히 바닷속에서 일어나는 지진뿐만 아니라 화산, 단층운동은 거대한 해일인 쓰나미를 일으키지요. 2011년 동일본 대지진 이후 일어난 쓰나미는 후쿠시마 원자력 발전소를 덮쳐 방사능이 유출되는 큰 사고가 발생하기도 했어요.

[아하! 정답] ③. 지진의 세기는 '리히터 지진계'로 나타내며 숫자가 클수록 규모도 커요.

part. 1
과학 · 자연 · 기술

똑 똑 퀴 즈

• 지구 •

화산은 왜 폭발하는 걸까?

① 땅이 뜨거운 햇볕을 받아서
② 마그마의 압력이 높아져서
③ 땅속에 묻힌 폭탄이 터져서

땅속에서 무슨 일이 일어난 거지?

더 알아봐요! 쏙 쏙 교 양

1. 화산 폭발

땅속 암석이 뜨거운 열에 의해 녹은 액체를 '마그마'라고 해요. 마그마가 압력이 높아져 지각을 뚫고 솟구치는 것이 화산이지요. 분화구에서 나온 마그마가 '용암'인데 용암이 식으면 화산암이 되고, 용암이 지나는 길에 있는 지하수가 뜨겁게 변한 것이 '온천'이에요.

2. 화산의 종류

화산은 분화가 계속되고 자주 폭발하는 활화산과 가끔씩 폭발하는 휴화산이 있어요. 그리고 더 이상 폭발하지 않는 사화산이 있지요. 한라산은 1002년과 1007년에 분출한 기록이 있는 휴화산이에요.

[아하! 정답] ②. 마그마가 빠져나간 공간이 무너지면 '칼데라'가 생기고, 칼데라에 물이 고이면 호수가 돼요.

part. 1
과학 · 자연 · 기술

똑똑 퀴즈

● 지구 ●

남극과 북극 중 어디가 더 추울까?

① 남극   ② 북극   ③ 둘 다 똑같다

대륙이 더 추울까, 바다가 더 추울까?

더 알아봐요!
쏙쏙 교양

1. 남극과 북극의 차이

남극과 북극은 모두 얼음으로 뒤덮여 있어요. 그런데 남극은 대륙이라 열을 쉽게 내보내지만 북극은 바다라 태양열을 오래 지니고 있지요. 게다가 북극은 대륙으로 둘러싸여 있고 따뜻한 해류도 흐르고 있어서 남극보다 따뜻해요.

2. 사람이 살지 않는 남극

북극은 바닷물이 얼어서 만들어진 거대한 얼음덩어리예요. 그리고 남극은 눈이 쌓여서 평균 2km 두께의 얼음으로 거의 전체가 덮여 있는 대륙이지요. 남극은 아주 추워서 주민이 살지 않지만 북극에는 이누이트족이 살고 있어요. 남극에서는 어느 나라든 자유롭게 과학 활동을 할 수 있어요. 남극과 그 주변의 자연 현상을 관측하고 연구해요.

[아하! 정답] ①. 남극에는 우리나라가 세운 세종 과학 기지와 장보고 과학 기지가 있어요.

part. 1
과학·자연·기술

똑 똑 퀴 즈

•지구•

나침반의 바늘은 왜 항상 북쪽을 가리킬까?

① 처음부터 그렇게 만들어서
② 지구가 거대한 자석이라서
③ 북쪽이 위쪽이라서

나침반은 자석의 원리를 이용해서 만들었어.

더 알아봐요! 쏙 쏙 교 양

1. 나침반

나침반은 중국에서 처음 만든 것으로 전해져요. 당시에는 자침(수평면에서 자유로이 회전할 수 있도록 한 바늘 모양의 자석)을 갈대나 나무에 붙여 물에 띄워 방향을 알았어요. 그리고 유럽으로 전해져 신항로를 개척하는 데 크게 기여했지요. 지금과 같은 모양의 나침반은 이탈리아에서 만들었어요.

2. 나침반의 바늘

나침반은 지구가 거대한 자석 같다는 사실을 이용해서 만들었어요. 나침반 바늘도 작은 자석이에요. 자석은 같은 극끼리 밀어내고 다른 극끼리 끌어당겨요. 나침반 바늘의 N극이 북쪽을 가리키는 이유는 지구 북쪽이 S극을 띠기 때문이지요.

28 [아하! 정답] ②. 지구는 커다란 자석으로 북극은 S극, 남극은 N극을 띠고 있어요.

part. 1
과학 · 자연 · 기술

똑똑 퀴즈

• 지구

사하라 사막의 모래는 어디에서 왔을까?

① 원래 있던 암석들이 모래가 되었다
② 바람에 날려 왔다
③ 바다에서 밀려왔다

바윗돌 깨뜨려 돌멩이, 돌멩이 깨뜨려 자갈돌~

쏙쏙 교양

1. 사하라 사막

사하라 사막은 아프리카 대륙의 4분의 1이나 되는 세계 최대의 사막이에요. 약 1억 년 전, 사하라 사막이 바다에 잠겼을 때 퇴적된 암석들이 풍화 작용을 일으켜 사하라 사막의 모래가 되었어요. 사하라는 '황야(불모지)'를 뜻하는 아랍어 '사흐라'에서 유래했어요.

2. 사막화 현상

사막은 비가 1년에 250mm 이하로 오는 곳으로, 토지가 사막처럼 변하는 것을 '사막화'라고 해요. 가뭄이 계속되거나 농경지를 만들기 위해 숲을 없애면 사막화하기도 해요.

[아하! 정답] ①. 사막 가운데에 샘이 솟고 풀과 나무가 자라는 곳을 오아시스라고 해요.

part. 1
과학 · 자연 · 기술

• 바다 •

바닷물은 왜 짤까?

① 염분이 있는 바위가 파도에 깎여서
② 물고기들의 오줌 때문에
③ 지구가 생길 때부터 짠맛이어서

더 알아봐요! 쏙쏙 교양

1. 강물과 다른 맛

산이나 바위에서 시작된 작은 물줄기들이 모여 강물이 되고, 강물이 바다로 흘러들어 드넓은 바다가 돼요. 바다로 들어오기 전의 강물은 짜지 않지만 바닷물은 짠데 그 이유는 염분이 있는 바위가 파도에 깎였기 때문이에요.

2. 바닷물이 얼지 않는 이유

순수한 물은 0℃에 얼어요. 그런데 바닷물은 염분이 많이 녹아 있어서 순수한 물보다 훨씬 낮은 온도에서 얼어요. 그리고 파도 때문에 계속 움직여서 어는점이 더욱 낮아져 얼기 힘들어요. 또한 바다가 깊기 때문에 쉽게 얼지 않는 거예요.

[아하! 정답] ①. '염전'에 끌어들인 바닷물을 증발시키면 소금을 얻을 수 있어요.

• 바다 •

바다는 왜 파랗게 보일까?

① 파란 하늘이 비쳐서
② 파장이 짧은 파란색이 물방울과 부딪쳐서
③ 생길 때부터 파란색이라서

색깔이 보이는 원리를 잘 생각해 봐.

1. 빛의 파장

빛은 출렁거리면서 앞으로 뻗어 나가요. 이때 한 번 출렁거리는 길이를 '파장'이라고 해요. 햇빛은 파장 정도에 따라 적외선, 가시광선, 자외선으로 나뉘어요. 우리가 눈으로 볼 수 있는 빛은 가시광선으로 무지개 색깔을 말해요.

2. 빛의 산란

태양 빛은 바닷물의 물방울을 통과하면서 여러 방향으로 흩어지는 '산란' 현상이 나타나요. 이때 태양 빛의 파장이 다른데 파장이 짧은 파란색이 다른 색보다 물방울과 자주 부딪쳐 흩어지면서 바다가 파란색으로 보이는 거예요.

[아하! 정답] ②. 적외선과 자외선은 우리 눈으로 볼 수 없는 빛이에요.

part. 1
과학 · 자연 · 기술

똑 똑 퀴 즈

• 바다 •

밀물과 썰물은 왜 생길까?

① 지구가 움직이기 때문에
② 달이 지구를 잡아당기기 때문에
③ 바다에 부는 바람 때문에

더 알아봐요! 쏙 쏙 교 양

1. 인력

달은 지구를 잡아당겨요. 그런데도 부딪치지 않는 이유는 지구도 똑같은 힘으로 달을 잡아당기고 있기 때문이에요. 두 힘이 균형을 이루고 있어서 부딪치지 않지요. 이렇게 두 물체가 서로 끌어당기는 힘을 '인력'이라고 해요.

2. 인력과 원심력

달이 지구 주위를 공전하다 바다와 가까워지면 달과 지구의 인력 때문에 밀물이 발생해요. 그리고 반대편은 지구의 자전 때문에 원심력이 생겨 썰물이 돼요. 이렇게 달의 인력과 지구의 원심력 때문에 밀물과 썰물이 생겨요.

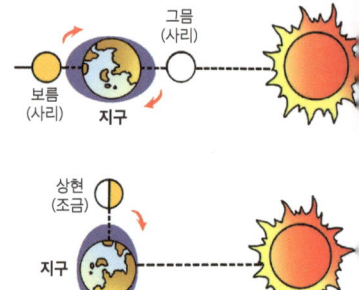

[아하! 정답] ②. 밀물이 되어 해수면이 가장 높을 때를 '만조', 그 반대를 '간조'라고 해요.

part. 1 과학·자연·기술

똑똑 퀴즈

• 지구 •

갯벌을 '지구의 무엇'이라고 부를까?

① 허파 ② 심장 ③ 두뇌

갯벌이 지구를 숨 쉬게 한대.

더 알아봐요! 쏙쏙 교양

1. 갯벌

밀물일 때는 바닷물에 잠겨 보이지 않다가 썰물일 때 드러나는 바닷가를 갯벌이라고 해요. 갯벌은 모래나 점토 등 미세한 입자가 평평하게 쌓인 곳으로 산소가 풍부하고 유기물이 많아 다양한 생물이 살아요. 또 양식장과 염전으로 이용되는 중요한 곳이지요.

2. 갯벌의 역할

갯벌은 각종 오염 물질을 정화하는 능력이 뛰어나요. 그리고 갯벌에는 식물성 플랑크톤이 살고 있는데 플랑크톤은 광합성에 의해 산소를 만들지요. 그 양이 지구에서 만들어지는 산소의 70%를 차지한다고 해요. 그래서 갯벌을 '지구의 콩팥' 또는 '지구의 허파'라고 부르기도 해요.

[아하! 정답] ①. 우리나라 서해안은 세계 5대 갯벌로 꼽혀요.

part. 1
과학·자연·기술

똑똑 퀴즈

• 날씨 •

태풍의 이름은 누가 짓는 걸까?

① 각 나라에서 제출한 이름으로
② 국제 연합(UN)에서
③ 방송국에서

곤충 이름도 있고 새 이름도 있어.

쏙쏙 교양
더 알아봐요!

1. 태풍

태풍은 필리핀 동쪽 열대 바다에서 발생한 열대 저기압으로 우리나라를 비롯해 동부 아시아 일대에 영향을 주는 거센 바람이에요. 바람과 함께 많은 비를 몰고 와 큰 피해를 입기도 하지요. 우리나라는 주로 7월에서 10월 사이에 찾아오는 경우가 많아요.

2. 태풍의 이름

태풍의 이름은 영어 이름을 사용했어요. 그러다가 2000년대부터는 관심을 높이기 위해 아시아 14개 나라에서 각국 언어로 10개씩 제출한 태풍의 이름을 쓰고 있어요. 우리나라에서는 '개미', '제비', '나리', '너구리' 등의 이름을 제출했어요.

[아하! 정답] ①. 큰 피해를 준 태풍 이름은 다시 쓰지 않고 다른 이름으로 교체해요.

똑똑 퀴즈

• 날씨 •

천둥과 번개는 왜 같이 다닐까?

① 번개 때문에 공기가 가열돼서
② 하늘이 놀라서
③ 단짝이라서

더 알아봐요! 쏙쏙 교양

1. 번개

번개는 구름 속에 있는 음전기와 양전기가 부딪히면서 발생해요. 이때 발생하는 전기 양은 어마어마해요. 그래서 공기도 1만 도 이상 가열되는데, 이 열로 주변 공기가 갑자기 팽창했다가 수축해요. 이 때 공기의 진동으로 큰 소리가 나는 것이 천둥이에요.

2. 천둥

천둥 소리가 번개 뒤에 들리는 것은 빛과 소리의 이동 속도가 다르기 때문이에요. 소리는 1초에 340m를 가지만 빛은 지구를 7바퀴 반이나 돌지요. 빛의 속도가 훨씬 빨라서 번개가 번쩍인 뒤 천둥 소리가 들리는 거예요.

[아하! 정답] ①. 건물 위에 설치한 뾰족한 막대기인 '피뢰침'은 번개나 벼락의 피해를 막아 줘요.

똑똑 퀴즈

• 날씨 •

눈 내리는 날은 왜 더 조용할까?

① 사람들이 밖에 안 나와서
② 눈이 소리를 흡수해서
③ 날씨가 너무 추워서

눈은 꼭 스펀지 같아!

쏙쏙 교양

1. 눈

높은 곳에 있는 구름은 기온이 낮아서 얼음이 생겨요. 작은 얼음 알갱이들이 큰 얼음으로 자라 무거워져서 떨어지는 것이 눈이에요. 눈의 결정은 육각형으로 되어 있어요. 눈이 쌓이면 육각형 결정이 모여 입자와 입자 사이에 틈이 생기는데, 이것이 소리를 흡수하는 흡음판의 구멍 같은 역할을 해요.

2. 눈과 염화칼슘

눈이 많이 오는 날은 미끄러워서 사고가 많이 나요. 그래서 차와 사람들이 다니는 도로에 염화칼슘을 뿌리지요. 염화칼슘은 습기를 흡수해서 스스로 녹는 성질이 있어요. 이러한 특징 때문에 눈 위에 뿌리면 습기를 흡수해 눈이 금방 녹는 거예요.

[아하! 정답] ②. 눈이 많이 쌓인 남극 지방에서는 4~5m만 떨어져도 상대방의 목소리가 잘 안 들린다고 해요.

part. 1
과학·자연·기술

똑 똑 퀴 즈

• 날씨 •

얼음은 투명한데 눈은 왜 흰색일까?

① 공기가 빛에 난반사되어서
② 공기 중의 먼지 때문에
③ 재료가 달라서

성분은 비슷해도 색깔이 다르게 보이기도 해.

더 알아봐요! 쏙 쏙 교 양

1. 눈의 결정

눈의 결정은 육각형 판 모양, 별 모양, 바늘 모양 등 구조가 복잡해요. 온도와 습도에 의해 결정되며 온도가 낮고 습도가 높을수록 결정이 더 복잡해져요. 결정 속에는 많은 공기가 있고, 그 공기가 빛에 난반사되어 눈이 하얗게 보이는 거예요.

2. 투명한 얼음과 불투명한 얼음

어떤 때는 얼음이 투명하고 어떤 때는 불투명해요. 얼음이 불투명한 것은 물속에 녹아 있는 공기 때문이에요. 공기가 차지한 공간에 빛이 통과하면 빛이 반사되어 얼음이 불투명하게 보여요. 물을 끓이면 공기가 제거되어 투명한 얼음을 만들 수 있어요.

[아하! 정답] ①. 얼음에 열을 가하면 물로 바뀌듯 고체 상태인 물질이 액체 상태로 바뀌는 것을 '용해'라고 해요.

part. 1

과학 · 자연 · 기술

똑 똑 퀴 즈

• 수학 •

왜 1시간은 60분, 1분은 60초일까?

① 시계를 처음에 그렇게 만들어서
② 60이라는 숫자가 좋아서
③ 60진법으로 나누어서

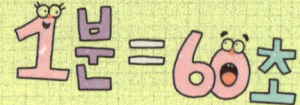

쏙 쏙 교양 더 알아봐요!

1. 하루를 나누는 법

먼 옛날에는 지구가 태양의 둘레를 한 바퀴 도는 시간을 1년, 태양이 한 번 보이는 시간을 하루로 정했어요. 하루를 12진법으로 나누고, 시계가 낮과 밤 하루에 두 바퀴를 돌게 해 24시간이 되었지요. 그리고 다시 1시간을 60진법으로 나누고 1분을 또 60진법으로 나누어 1시간은 60분, 1분은 60초가 되었어요.

2. 약수

6의 약수는 4개(1, 2, 3, 6)예요. 약수가 많으면 그만큼 여럿으로 쪼갤 수 있지요. 8과 10도 약수가 4개지만 6이 가장 작은 숫자라 간편하게 사용할 수 있어요. 만약 10진법으로 시간을 나누면 100분이 1시간일 경우 1/2은 50분이지만 1/3은 33.3분이라 불편하지요.

[아하! 정답] ③. 약수는 어떤 수를 나머지 없이 나눌 수 있는 수로 그 어떤 수와 1을 포함해요.

part. 1
과학·자연·기술

똑똑 퀴즈

• 수학 •

아라비아 숫자는 어느 나라에서 만들었을까?

① 사우디아라비아　② 인도　③ 미국

'아라비아'라는 말에 속으면 안 돼.

더 알아봐요!
쏙쏙 교양

1. 숫자의 전파

중세 시대까지 유럽에서는 로마 숫자를 사용했어요. 1, 2, 3, 4를 Ⅰ, Ⅱ, Ⅲ, Ⅳ로 표시하는 로마 숫자는 단위가 커질수록 표기 방식이 복잡했어요. 그런데 인도에서는 숫자를 간편하게 표기한다는 것을 알고 아랍인들이 이 숫자를 중동(서아시아 일대) 여러 지역으로 전파했어요. 아랍인들이 전파해서 '아라비아 숫자'로 불렸지요.

2. 우리나라의 숫자

우리나라는 숫자를 한자로 표기했어요. 물론 숫자를 나타내는 순 우리말도 있지요. '일'은 '하나', '십'은 '열', '백'은 '온', '천'은 '즈믄', '만'은 '골' 또는 '거믄', 억은 '잘'이에요.

[아하! 정답] ②. 인도에서는 400년경에 0을 사용했고, 10진법도 인도에서 발전했다고 해요.

part. 1
과학·자연·기술

똑 똑 퀴 즈

• 수학 •

수학의 노벨상을 무엇이라고 할까?

① 그랑프리   ② 노벨상   ③ 필즈상

1. 수학자가 만든 상

캐나다의 수학자 존 찰스 필즈는 노벨상에 수학 분야가 없는 것을 안타깝게 여겨 자신의 이름을 딴 수학상을 만들었어요. '수학의 노벨상'이라 불리는 필즈상은 1936년에 제정돼 4년에 한 번씩 열리는 국제 수학자 회의에서 시상하고 있어요. 전 세계 어느 수학자나 받을 수 있지만 40세가 넘으면 받을 수 없다고 해요.

2. 노벨상에 수학상이 없는 이유

노벨상은 스웨덴의 화학자 알프레드 노벨의 유산을 기금으로 1901년부터 수여하고 있어요. 해마다 6개 부문에 상을 주는데 자연 과학의 기본인 수학 분야에는 상이 없어요. 노벨은 유명한 수학자 미타그 레플러와 사이가 안 좋았다고 해요. 그래서 레플러가 노벨상을 받는 것이 싫어 수학 부문을 포함하지 않은 것으로 전해져요.

[아하! 정답] ③. 노르웨이 왕실에서는 해마다 수학자 아벨을 기리는 '아벨상'을 주는데, 나이 제한이 없어요.

part. 1
과학 · 자연 · 기술

● 과학 일반 ●

과자 봉지는 왜 빵빵할까?

① 양이 많아 보이게 하려고
② 질소 가스를 넣어서
③ 과자 이름이 잘 보이게 하려고

봉지는 큰데 과자가 너무 적어.

1. 뚱뚱한 과자 봉지

과자 봉지가 빵빵한 것은 과자가 부서지거나 상하지 않게 질소 가스를 넣었기 때문이에요. 과자 봉지 안쪽 면이 은색인 것도 과자를 보호하기 위해서지요. 폴리프로필렌에 알루미늄 박을 입힌 포장은 산소와 빛을 차단해 과자의 신선도와 보존성을 높여 줘요.

2. 액체 질소

질소 가스는 과자뿐만 아니라 분유나 분말주스 등의 색깔이 변하는 것을 막아 줘요. 또 액체 질소는 온도가 낮아 급속 냉동할 때 사용해요. 티눈을 제거하거나 정자와 난자를 냉동 보관할 때 등 의료용으로도 사용하지요. 그 외에 자동차가 충돌할 때 순간적으로 부풀어 충격을 줄여 주는 에어백에도 쓰이고 있어요.

[아하! 정답] ②. 질소는 공기 중에 약 78%를 차지하며 색깔도 냄새도 맛도 없어요.

part. 1
과학 · 자연 · 기술

• 과학 일반 •

유리는 액체일까, 고체일까?

① 고체   ② 액체   ③ 고체도 액체도 아닌 물질

쏙 쏙 교양

1. 유리

유리는 고대 유물에서도 발견될 정도로 역사가 깊어요. 먼 옛날, 지중해 연안 페니키아 지역 뱃사람들이 모래 위에 암염 덩어리를 받쳐 놓고 솥을 걸어 불을 피웠는데 투명한 액체가 흐르는 것을 발견했어요. 이때 발견한 것이 유리라고 해요.

2. 고체와 액체

고체는 결정으로 이루어져 있지만 유리는 결정이 없어요. 결정이 되려면 액체가 되기 전에 구성 분자들의 움직임이 활발해야 해요. 그런데 유리는 분자들의 운동이 너무 느려서 식는 동안 결정을 이루지 못하기 때문에 액체에 가까워요.

[아하! 정답] ②. 유리를 오랫동안 세워 놓으면 아랫부분이 두꺼워지는 것도 액체 성질을 지녔기 때문이에요.

part. 1
과학·자연·기술

똑똑 퀴즈

• 과학 일반 •

탄산음료 캔 바닥은 왜 오목할까?

① 이산화탄소 때문에
② 음료수를 적게 담으려고
③ 쌓기 편하게 하려고

'탄산'이라는 게 힌트야.

쏙쏙 교양

1. 탄산음료

탄산음료의 톡 쏘는 맛은 이산화탄소 때문이에요. 이산화탄소는 냄새와 색깔이 없고 투명해요. 그리고 액체에 잘 녹지 않아요. 그래서 이산화탄소를 높은 압력으로 녹여 음료수에 집어넣어요.

2. 탄산음료와 캔

이산화탄소는 음료에서 나오려고 캔 벽에 힘을 주는데, 그 힘을 가장 많이 받는 부분이 바닥이에요. 이때 바닥을 아치형으로 만들면 압력을 분산시킬 수 있어요. 그러면 캔의 바닥이 받는 힘이 줄어들지요. 부탄 가스통이나 스프레이 통 바닥이 오목한 것도 같은 이유 때문이에요.

[아하! 정답] ①. 캔은 열전도율이 높아서 냉장고에 넣으면 빨리 시원해져요.

2장

역사·정치·사회

part. 2
역사 · 정치 · 사회

똑똑 퀴즈

문명

'르네상스'는 무슨 뜻일까?

① 예술   ② 재생   ③ 환생

다시 살리자는 뜻이야.

쏙쏙 교양

1. 신 중심에서 인간 중심으로

르네상스는 14~16세기에 일어난 문예 부흥 운동이에요. 이탈리아에서 시작돼 유럽으로 번졌으며 문화와 정치 등 많은 분야에 영향을 주었지요. 신 중심에서 인간 중심으로 예술을 부활·재생하자는 뜻이 담겨 있어요.

2. 메디치 가문

이탈리아 피렌체에서 르네상스가 일어날 수 있었던 것은 메디치 가문 덕분이에요. 무역으로 돈을 많이 번 메디치 가문은 피렌체에서 힘이 가장 강했어요. 상인이지만 정치에도 관여하고 예술가들을 후원했으며 나중에는 로마 전체에 큰 영향을 주기도 했어요.

메디치가의 로렌초

[아하! 정답] ②. 그림에 원근법과 명암을 적용한 것이 르네상스 시대예요.

part. 2
역사 · 정치 · 사회

똑똑 퀴즈

[문명]

황허강에서 시작된 문명은 무엇일까?

① 황제 문명   ② 황허 문명   ③ 갑골 문명

황허강은 황토가 섞여 강물이 누런색이야.

더 알아봐요! 쏙쏙 교양

1. 은나라

 황허강 주변 땅은 농사가 잘돼 사람들이 모여 살며 문명을 이루었어요. 황허 문명을 대표하는 은나라는 달력을 만들어 1년을 열두 달로 나누었고 간지와 60진법을 사용했어요. 청동을 다루는 솜씨도 뛰어났으며 문자를 사용하기도 했지요.

2. 갑골 문자

 갑골은 거북의 등딱지와 짐승의 뼈를 말해요. 은나라에서는 나라에 중요한 일이 있을 때마다 갑골에 불을 달구어 갈라진 모양으로 점을 쳤다고 해요. 점친 내용을 거북이나 동물 뼈에 새겼는데 이것이 '갑골 문자'예요. 오늘날 한자의 뿌리가 되었지요.

[아하! 정답] ②. 은나라는 황허강 중류에서 발전해 양쯔강까지 이르렀다고 해요.

part. 2
역사 · 정치 · 사회

문명

이집트 문명은 어디에서 시작되었을까?

① 나일강   ② 사하라 사막   ③ 킬리만자로산

1. 이집트 문명

기원전 3000년경 '축복의 강'이라고 불리는 나일 강변에 사람들이 모여 나라를 세웠어요. 나일강은 비가 오면 강물이 넘치기도 했지만 별자리를 보며 홍수에 대비했지요. 바다와 사막으로 둘러싸여 외세의 침입도 없는 평화로운 이곳에서 문명이 시작되었어요.

2. 이집트 문자

고대 이집트 사람들은 사물의 모양을 본떠 만든 상형 문자를 썼어요. 처음에는 글자를 돌판에 새기다 나일 강변에서 자라는 식물로 만든 종이에 썼지요. 갈대 비슷한 이 식물을 '파피루스'라고 해요. 종이를 뜻하는 '페이퍼'는 파피루스에서 유래했어요.

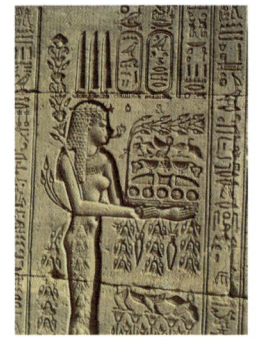

[아하! 정답] ①. 고대 이집트 사람들은 왕을 '파라오'라고 불렀어요.

part. 2
역사 · 정치 · 사회

`문명`

메소포타미아 문명은 어떤 문자를 사용했을까?

① 상형 문자   ② 쐐기 문자   ③ 갑골 문자

1. 메소포타미아 문명

　서남아시아의 티그리스강과 유프라테스강 사이를 메소포타미아라고 해요. 인류 최초로 농사를 짓고 문명이 생겨난 곳이에요. 기원전 3500년경, 수메르인들이 도시를 세우고 문명을 이루었지요. 농사지을 시기를 알기 위해 달의 움직임을 관찰하고 태음력을 사용하기도 했어요.

2. 메소포타미아 문자

　수메르인들은 진흙 판에 뾰족한 도구로 글씨를 새겨 불에 구웠어요. 그러면 진흙 판이 굳어 단단해졌지요. 새긴 문자가 쐐기처럼 생겨 쐐기 문자(설형 문자)라고 해요. 쐐기 문자는 지금까지 알려진 문자 중 가장 오래되었으며 기원전 3000년경부터 쓰였다고 해요.

[아하! 정답] ②. 메소포타미아 지역은 강물이 흘러넘치면 잘 빠질 수 있는 배수 시설을 갖추고 있었어요.

part. 2
역사 · 정치 · 사회

똑똑 퀴즈

문명

'인도'라는 이름은 어디에서 비롯되었을까?

① 갠지스 ② 인디언 ③ 인더스

인도의 문명이 시작된 곳이야.

쏙쏙 교양

1. 인더스 문명

기원전 2500년 무렵 인더스강을 따라 인더스 문명이 생겨났어요. 인더스강은 인도와 뗄 수 없는 곳으로, 인도라는 이름도 여기에서 비롯되었지요. 인더스강을 따라 생겨난 도시 중 지금의 파키스탄에 있는 모헨조다로와 하라파가 대표적이에요.

2. 모헨조다로

모헨조다로에는 곡물 창고와 사원, 대형 목욕탕이 있었어요. 또한 벽돌집, 도로, 하수도가 잘 정비되어 있었지요. 모헨조다로에는  약 3만 명, 조금 떨어진 하라파에도 약 1만 5,000명이 살았어요. 꽤 큰 도시가 갑자기 사라진 이유는 확실하지 않아요.

[아하! 정답] ③. 기원전 1000년 무렵 갠지스강에 유목민들이 정착하면서 청동기 무기와 농기구를 사용했어요.

남북 전쟁은 왜 일어났을까?

① 종교가 서로 달라서
② 노예 제도 때문에
③ 영토 분쟁 때문에

 미국도 남과 북으로 나뉘어 싸웠어.

1. 남부와 북부

미국은 서부 개척과 산업 혁명이 진행되면서 남부와 북부가 무역 협정을 놓고 대립했어요. 상공업 지대인 북부는 노예보다 공장에서 일할 노동자가 필요했어요. 그래서 노예 제도를 폐지하고 경제적으로 국가의 보호를 받는 보호 무역을 주장했지요. 한편, 남부는 농장이 발달해 노예 제도를 유지할 것과 국가의 간섭을 받지 않는 자유 무역을 주장했어요.

2. 남북 전쟁

남부와 북부의 가장 큰 대립은 노예 제도였어요. 1860년 노예 제도를 반대하는 링컨이 대통령에 당선되자 이듬해 7개 주가 미합중국에서 탈퇴했어요. 그리고 대통령을 따로 뽑은 남부가 북부의 섬터 요새를 공격하면서 남북 전쟁이 일어났어요.

[아하! 정답] ②. 1863년 링컨이 노예 해방을 선언하자 남부 흑인들이 북부군에 가담하면서 남북 전쟁은 북부의 승리로 끝났어요.

part. 2
역사 · 정치 · 사회

똑똑 퀴즈

전쟁

우리나라 휴전선은 왜 생겼을까?

① 한국 전쟁 때문에
② 일제 강점기가 끝나서
③ 인천 상륙 작전 때문에

휴전선은 군사 경계선이야.

더 알아봐요!
쏙쏙 교양

1. 한국 전쟁

해방을 맞은 우리나라는 미국과 소련이 남북으로 나누어 점령했어요. 38도선을 경계로 서로 다른 체제가 대립하다가 1950년 6월 25일 새벽, 북한이 남한을 침략하면서 한국 전쟁이 일어났지요. 아무런 준비 없이 전쟁을 겪은 우리나라는 한반도 대부분을 북한군이 장악했어요.

2. 휴전선

맥아더 장군의 '인천 상륙 작전'이 성공하면서 서울을 되찾았어요. 국군과 연합군은 38도선(삼팔선)을 넘어 압록강까지 올라갔지만 중국(중공)군의 인해 전술에 밀려 후퇴했어요. 1953년 7월 27일, 전쟁을 멈추기로 하면서 한반도 가운데를 가로지르는 휴전선이 설정되었어요.

[아하! 정답] ①. '인해 전술'은 무기가 아닌 수많은 사람으로 적을 압도하는 전술을 말해요.

똑똑 퀴즈

전쟁

사람들이 십자군 전쟁에 참가한 이유는 무엇일까?

① 나라를 지키려고   ② 더 넓은 영토를 차지하려고   ③ 천국에 가려고

더 알아봐요! 쏙쏙 교양

1. 십자군 전쟁

　서유럽에서 기독교 세력이 자리 잡고 있을 때 서아시아에서는 이슬람 세력이 힘을 키우고 있었어요. 그러자 위기감을 느낀 비잔틴 제국이 교황에게 도움을 청했어요. 교황은 이슬람 세력이 점령한 성지를 되찾으려고 전쟁에 나가면 죄를 용서받고 천국에 갈 수 있다고 했어요.

2. 십자군 원정

　많은 사람들이 기독교를 상징하는 십자가를 새긴 갑옷을 입고 죄를 용서받으려고 전쟁터로 나갔지만, 종교적인 것보다는 땅을 얻거나 투기하려는 사람도 있었어요. 결국 예루살렘을 정복하려던 십자군 원정이 실패하면서 교황의 권위는 떨어지고 그 대신 왕의 권력이 강해졌어요.

[아하! 정답] ③. 이스라엘의 예루살렘은 기독교와 이슬람교, 유대교의 성지예요.

part. 2
역사·정치·사회

똑똑 퀴즈

전쟁

영국과 프랑스가 가장 오래 한 전쟁은 몇 년 동안일까?

① 50년　② 100년　③ 200년

전쟁은 짧든 길든 일어나면 안 돼.

쏙쏙 교양 (더 알아봐요!)

1. 왕위 계승으로 시작된 백년 전쟁

1328년 프랑스의 샤를 4세가 세상을 떠난 다음 사촌 동생 필리프 6세가 왕이 되었어요. 그러자 영국 왕 에드워드 3세가 샤를 4세의 조카인 자신이 왕이 되어야 한다고 했어요. 하지만 영국 왕이 프랑스를 다스리는 것은 말이 안 된다며 무시하자 에드워드 3세가 선전 포고를 하면서 전쟁이 시작되었어요.

2. 잔 다르크

잔 다르크는 나라를 구하라는 신의 목소리를 듣고 백년 전쟁에 참전했어요. 흰 갑옷을 입고 전쟁터를 누비며 프랑스군의 사기를 올리고 오를레앙 전투를 승리로 이끌었지요. 하지만 영국군에 잡혀 마녀로 몰려 화형을 당했어요. 이후 1453년, 프랑스가 노르망디에서 승리하면서 백년 전쟁은 끝이 났어요.

[아하! 정답] ②. 잔 다르크가 화형을 당하자 프랑스 병사들에게 큰 자극이 되어 영국군을 몰아낼 수 있었어요.

part. 2
역사 · 정치 · 사회

똑똑 퀴즈

전쟁

미국 독립 전쟁이 일어나게 된 사건은?

① 노예 해방   ② 보스턴 차 사건   ③ 신대륙 발견

바다에 무언가를 던지면서 시작되었어.

더 알아봐요! 쏙쏙 교양

1. 미국 독립 전쟁

콜럼버스가 신대륙을 발견하자 영국에서 많은 이민자들이 건너 갔어요. 재정이 어려워진 영국은 식민지에서 무리하게 세금을 거둬 들였어요. 이에 불만을 품은 이민자들이 보스턴 항구에 정박한 배에 올라가 차 상자를 바다에 던졌어요. 그리고 영국 상품 불매 운동이 벌어져 영국과 영국령 식민지 사이에 전쟁이 일어났어요.

2. 미국의 독립

미국이 독립운동을 시작하자 유럽의 많은 나라가 도와주었어요. 그리고 1781년 10월, 요크타운에서 벌어진 전투에서 영국군이 항복하면서 독립 전쟁은 끝이 났지요. 영국은 1783년 파리 회의에서 미국 식민지 독립을 인정했고, 조지 워싱턴이 초대 대통령으로 뽑혔어요.

[아하! 정답] ②. 조지 워싱턴은 미국의 첫 대통령으로 나라가 자리 잡는 데 애를 썼으며 4년 뒤 두 번째 대통령을 맡고 세 번째 대통령은 거절하고 스스로 물러났어요.

part. 2
역사·정치·사회

똑똑 퀴즈

[전쟁]

홍콩은 왜 영국의 식민지가 되었을까?

① 영국이 처음 발견해서
② 작다고 팔아넘겨서
③ 아편 전쟁에 져서

홍콩은 원래 중국 영토였어.

더 알아봐요! 쏙쏙 교양

1. 영국과 중국의 관계

영국은 청나라에 은을 주고 홍차를 수입했어요. 당시 청나라는 광저우에서만 거래를 했어요. 영국은 여러 물건을 팔아 이익을 얻으려 청나라에 다른 곳에서도 무역을 할 수 있게 해 달라고 했지요. 하지만 청나라가 이를 거부하자 아편을 거래하기 시작했어요.

2. 난징 조약

아편 중독자가 늘어나 수출하는 홍차보다 수입하는 아편의 양이 더 많아졌어요. 그러자 청나라는 아편을 보이는 대로 태워 버렸고 영국은 함대를 보내 1840년 아편 전쟁이 시작되었어요. 하지만 영국에 대항할 힘이 없었던 청나라는 전쟁에서 패하고 영국과 난징 조약을 맺었어요. 그리고 광저우를 비롯해 항구를 더 개방하고 홍콩을 영국에 넘겨주었지요.

[아하! 정답] ③. 홍콩은 1997년 중국에 반환되었어요.

part. 2
역사 · 정치 · 사회

똑똑 퀴즈

전쟁

베트남 전쟁은 왜 일어났을까?

① 영토를 넓히기 위해
② 경제적인 이유 때문에
③ 독립하기 위해

베트남은 프랑스의 지배를 받았어.

더 알아봐요!
쏙쏙 교양

1. 남북으로 나뉜 베트남

베트남은 프랑스의 지배를 받았어요. 제2차 세계 대전 때는 일본이 점령했지만 베트남 해방 전사들이 되찾았지요. 그런데 프랑스가 다시 점령하자 1946년 독립을 위해 전쟁을 벌였어요. 1954년 호치민이 프랑스를 몰아냈지만 북쪽은 호치민, 남쪽은 미국의 지원을 받는 고딘디엠 정권이 들어섰어요.

2. 베트남 전쟁의 시작

고딘디엠의 독재 정치에 대항해 남베트남에서 무장 세력이 베트콩(남베트남 민족 해방 전선)을 결성했어요. 이때 북베트남의 호치민이 베트콩을 지원했지요. 미국은 베트콩을 없애려고 북베트남과 남베트남에 무자비하게 폭격을 했어요. 전쟁은 쉽게 끝나지 않았고 미군이 철수하고 베트남은 사회주의 공화국으로 통일되었어요.

[아하! 정답] ③. 베트남 전쟁 때 미군은 베트콩을 찾아내려고 식물의 잎을 떨어뜨리는 고엽제를 많이 뿌렸어요.

똑똑 퀴즈

전쟁

왜 히로시마에 원자 폭탄이 떨어졌을까?

① 전쟁을 끝내기 위해
② 핵 실험을 위해
③ 원자력 발전소 때문에

당시 우리나라는 일제의 식민지였어.

쏙쏙 교양

1. 태평양 전쟁

제1차 세계 대전 이후 독일은 군사력을 키워 1939년 제2차 세계 대전을 일으켰어요. 일본은 독일과 손잡고 아시아의 주도 세력이 되려 했지요. 그리고 1941년 태평양의 미군 기지인 하와이 진주만을 공격하는 '태평양 전쟁'을 일으켜 제2차 세계 대전이 확대되었어요.

2. 히로시마 원자 폭탄

제2차 세계 대전 중 독일은 연합군에 항복했지만 일본은 끝까지 싸웠어요. 그러자 미국의 트루먼 대통령은 일본을 꺾기 위해 원자 폭탄을 투하하기로 결정했지요. 1945년 8월 6일, 히로시마와 나가사키에 '리틀보이'와 '팻맨'을 투하했고 일본은 8월 15일에 항복을 선언했어요.

[아하! 정답] ①. 일본의 항복으로 우리나라도 해방을 맞이했어요.

part. 2
역사 · 정치 · 사회

> 왕조

왜 신라에만 여왕이 있었을까?

① 왕과 왕비가 번갈아 했기 때문에
② 원래 여왕의 나라이기 때문에
③ 골품 제도 때문에

1. 신라의 신분 제도

신라에는 '골품제'라는 엄격한 신분 제도가 있었어요. 골품제에 따라 성골이나 진골 출신만 왕위에 오를 수 있었지요. 왕위를 이을 성골 출신 남자가 없을 때는 성골 출신 여자가 왕위에 올랐어요. 그래서 신라에만 선덕, 진덕, 진성 세 여왕이 있었어요.

2. 선덕 여왕

신라 진평왕은 왕위를 이을 아들이 없었어요. 부모가 성골이어야 왕이 될 수 있었는데 그런 남자가 없어 결국 진평왕의 딸이 선덕 여왕이 되었지요. 선덕 여왕은 삼국을 통일하는 데 필요한 기반도 다지고 당나라에 유학생을 보내기도 했으며 문화 사업에도 정성을 들였어요.

[아하! 정답] ③. 골품제는 성골, 진골, 6두품으로 이루어져 등급에 따라 벼슬과 옷차림은 물론 집 등 모든 것이 정해졌어요.

part. 2
역사 · 정치 · 사회

똑똑 퀴즈

[왕조]

광개토 대왕릉비는 어디에 있을까?

① 평양　② 만주 길림성　③ 제주도

광개토 대왕은 영토를 크게 넓혔어.

쏙쏙 교양 (더 알아봐요!)

1. 광개토 대왕

고구려 제19대 왕인 광개토 대왕은 왕위에 오르자 중국 황제가 쓰는 연호 대신 '영락'이라는 독자적인 연호를 사용했어요. 그리고 백제를 공격하고 북쪽으로 진출해 한반도 중부에서 만주에 이르는 넓은 땅을 차지했어요. 또한 신라를 도와 왜(일본)를 물리치는 등 고구려를 최강국으로 만들었지요.

2. 광개토 대왕릉비

광개토 대왕이 죽자 아들인 장수왕이 아버지의 업적을 기리기 위해 광개토 대왕릉비를 세웠어요. 높이는 6m가 넘고 너비는 2m 가까이 되는 거대한 비석이에요. 고구려의 수도였던 국내성 동쪽, 지금의 만주 길림성(지린성)에 있어요.

[아하! 정답] ②. 광개토 대왕릉비의 정식 이름은 '국강상광개토경평안호태왕비'로 '영토를 넓힌 왕이자 백성을 평안하게 해 준 왕의 비석'이라는 뜻이에요. 호태왕은 광개토 대왕의 다른 이름이에요.

part. 2
역사 · 정치 · 사회

똑 똑 퀴 즈

왕조

왜 어떤 왕은 '종'이고, 어떤 왕은 '조'일까?

① '조'와 '종'을 번갈아 사용했다
② 주로 왕의 공과 덕에 따라서
③ 왕이 정하는 대로

더 알아봐요!
쏙 쏙 교 양

1. '조'와 '종'

조선 시대 왕 이름에는 '조'와 '종'이 붙어요. 임금이 죽은 후 공덕을 기려 붙이는 이름을 '묘호'라고 해요. 보통 나라를 세우거나 탁월한 공이 있으면 태조 이성계처럼 '조'를 붙이고 나라를 크게 발전시켰으면 한글을 창제한 세종처럼 '종'을 붙여요. 하지만 '조'와 '종'의 구분이 명확한 것은 아니에요.

2. '충'자가 붙은 고려 왕

고려 시대의 왕은 제25대 충렬왕부터 제30대 충정왕까지 '충'자가 붙어 있어요. 고려는 후기에 원나라를 세운 몽골이 고려를 침입해 정치에 간섭을 했어요. 그때 원나라에 충성하겠다는 뜻으로 왕 이름 앞에 '충'자를 붙이게 했지요.

[아하! 정답] ②. 연산군이나 광해군처럼 난폭하거나 쫓겨난 임금에게는 묘호를 내리지 않았어요.

똑 똑 퀴 즈

제도

조선 시대의 신분증은 무엇일까?

① 호패   ② 마패   ③ 문패

주민 등록증 같은 거야.

쏙 쏙 교양

1. 조선 시대 신분증

조선 시대에는 16세 이상인 남자는 신분증으로 호패를 들고 다녔어요. 세금을 걷거나 군대를 조직하고 인구를 관리하는 데 편리했기 때문이지요. 호패는 신분에 따라 만드는 재료가 달랐어요. 2품 이상은 상아나 사슴뿔로 만들고, 5품 이하는 회양목이나 자작나무, 평민은 잡목으로 만들었지요.

2. 주민 등록증

우리나라 국민은 만 17세가 되면 주민 등록 번호가 적힌 주민 등록증을 발급 받아요. 13자리 번호 중 앞의 6자리는 생년월일이에요. 그리고 뒤의 7자리 중 첫 번째 숫자는 성별을 나타내요. 2000년 이후에 태어난 남자는 3, 여자는 4이고 그 이전에 태어난 남자는 1, 여자는 2로 시작해요.

[아하! 정답] ①. 호패는 남자들만 가지고 다녔어요.

사건

독일을 둘로 나누었던 장벽은?

① 통곡의 벽   ② 베를린 장벽   ③ 만리장성

1. 동독과 서독

독일은 우리나라처럼 동독과 서독으로 나뉘어 있었어요. 비교적 자유롭게 오갈 수 있었지만 동독에서 서독으로 넘어가는 사람들이 많아지자 1961년, 동독 정부가 콘크리트로 동서 베를린 사이를 차단하는 장벽을 세웠어요. 이후 허가를 받고 브란덴부르크 문을 통해서만 오갈 수 있었어요.

2. 무너진 장벽

소련의 공산주의 체제가 무너지면서 동독에서 서독으로 넘어가려는 사람들이 점점 많아졌어요. 급기야 곡괭이와 망치로 벽을 부수기 시작했지요. 결국 베를린 장벽은 1989년 11월 9일에 붕괴되고, 서독과 동독은 1990년 10월 3일 분단 41년 만에 하나의 독일로 통일되었어요.

[아하! 정답] ②. 베를린 장벽은 동독과 서독 분단의 상징이자 냉전 체제의 상징물이기도 했어요.

part. 2
역사 · 정치 · 사회

똑 똑 퀴 즈

사건

미국 세계 무역 센터 빌딩이 무너진 사건은?

① 쌍둥이 사건 ② LA 폭동 ③ 9·11 테러

온 세계가 놀란 테러였어.

쏙 쏙 교양

1. 세계 무역 센터 빌딩 붕괴

2001년 9월 11일, 이슬람 테러 단체가 민간 항공기를 납치해 미국 세계 무역 센터 북쪽 건물과 충돌하고 이어서 또 다른 비행기가 남쪽 건물과 충돌했어요. 이 사고로 많은 사람들이 목숨을 잃었고, 세계 경제도 휘청거렸어요. 9월 11일에 일어난 사건이라 '9·11 테러'라고 해요.

2. 알 카에다

9·11 테러 용의자로 국제 테러리스트인 오사마 빈 라덴과 그가 만든 이슬람 극단 세력인 알 카에다가 지목됐어요. 그리고 9월 15일 빈 라덴이 숨어 있는 아프가니스탄에 지상군을 투입해 보복전을 시작했지요.

[아하! 정답] ③. 오사마 빈 라덴은 2011년 5월 2일 사살되었어요.

똑똑 퀴즈

제도

삼권 분립이 무엇일까?

① 세 가지 권력을 나누는 것
② 세 가지 기본권을 가지는 것
③ 세 가지로 나뉜 권력을 모으는 것

쏙쏙 교양

1. 삼권 분립

국가 권력에는 입법권, 사법권, 행정권이 있어요. 이 세 가지를 분리하는 것을 '삼권 분립'이라고 해요. 권력이 한 곳에 쏠리면 마음대로 휘둘러 국민의 기본권을 침해할 수 있어요. 그래서 각 기관이 서로 감시해 가며 균형 있는 정치를 할 수 있도록 분리한 거예요.

2. 삼권이 하는 일

입법권은 법을 만드는 권리예요. 그 법을 어겼을 때 재판하는 권리는 사법권이고 법에 따라 제도를 실시하는 권리는 행정권이에요. 입법부(입법 기관)는 국회를 의미하고 행정을 맡아 보는 국가 기관인 행정부의 최고 책임자는 대통령이에요. 그리고 사법부는 법원을 말해요.

[아하! 정답] ①. 삼권 분립을 주장한 사람은 프랑스의 계몽 사상가이자 정치 철학자인 몽테스키외예요.

part. 2
역사 · 정치 · 사회

똑 똑 퀴 즈

제도

우리나라 정부 형태는 무엇일까?

① 의원 내각제   ② 입헌 군주제   ③ 대통령제(대통령 중심제)

쏙 쏙 교양
더 알아봐요!

1. 행정부 최고 책임자

대통령을 중심으로 운영하는 정부 형태를 '대통령제'라고 해요. 미국에서 만들어진 정부 형태로 우리나라도 대통령제를 시행하고 있어요. 국회의 간섭을 받지 않아 나라를 안정적으로 운영하는 장점이 있지만 자칫하면 독재 정치를 할 수 있다는 게 단점이에요.

2. 대통령의 권리와 의무

우리나라 대통령은 단임제로 임기는 5년이고 국민이 직접 선거로 뽑아요. 대통령은 정부를 구성하고 통솔하며 공무원을 임명할 수 있어요. 그리고 국군을 지휘하고 큰 죄를 저지르지 않는 한 처벌을 받지 않을 수도 있지요. 특권이 주어지는 만큼 국민을 지키고 보호해야 할 의무가 있어요.

[아하! 정답] ③. 대통령제는 한 번만 할 수 있는 단임제와 연속해서 할 수 있는 연임제 그리고 횟수와 상관없는 중임제가 있어요.

part. 2
역사 · 정치 · 사회

똑똑 퀴즈

제도

영국과 일본의 정부 형태는 무엇일까?

① 의원 내각제 　② 대통령제 　③ 군주제

쏙쏙 교양

1. 대통령이 없는 나라

영국과 일본은 대통령이 없어요. 그 대신 국회 의원 선거에서 가장 많은 의원을 당선시킨 당의 지도자가 국가 최고 지도자인 수상(총리)이 돼요. 이와 같이 총리가 내각 책임자인 정부 형태를 '의원 내각제'라고 해요. 대통령제는 삼권이 분리되어 있지만 의원 내각제는 입법부와 행정부가 분리되어 있지 않아요.

2. 의원 내각제의 장점과 단점

의원 내각제는 국회 의원이 내각에 직접 참여해 정부 정책을 국회에서 빠르게 추진할 수 있어요. 총리는 언제든지 의회에서 물러날 수 있어 독재가 어렵지요. 하지만 총리가 자주 바뀌어 나라가 불안정할 수 있고 당과 당의 경쟁이 심하면 정치가 혼란스러워지는 단점이 있어요.

[아하! 정답] ①. 영국은 왕실이 있지만 정치에는 나서지 않고 정치적인 부분은 모두 의회가 맡고 있어요.

part. 2
역사 · 정치 · 사회

똑 똑 퀴 즈

제도

왕이 나라를 다스리는 정부 형태는 무엇일까?

① 군주제   ② 의원 내각제   ③ 대통령제(대통령 중심제)

더 알아봐요!
쏙 쏙 교 양

1. 왕이 있는 나라

왕이 있는 정부 형태를 '군주제'라고 해요. 입헌 군주제는 왕의 권위는 상징적으로만 남아 있고 헌법에 따라 나라를 운영하는 제도를 말해요. 영국을 비롯해 네덜란드, 덴마크, 태국 등에는 지금도 왕이 있어요. 하지만 대부분 옛날처럼 실제 통치하지는 않아요.

2. 왕이 통치하는 나라

영국의 제임스 2세가 제멋대로 나라를 다스리자 국민과 의회는 제임스 2세의 딸과 사위를 왕으로 삼았어요. 그리고 왕의 존재는 인정하지만 의회의 승인 없이 왕 혼자서 나랏일을 결정할 수 없다는 '권리장전'을 제출했어요. 이로써 영국은 세계 최초의 입헌 군주 국가가 되었어요.

[아하! 정답] ①. 헌법보다 왕의 명령이 우선인 군주제를 '전제 군주제'라고 해요.

part. 2
역사·정치·사회

똑똑 퀴즈

[제도]

정치적으로 생각이 같은 사람들이 모인 단체는?

① 여당 ② 정당 ③ 야당

쏙쏙 교양
더 알아봐요!

1. 정치와 정당

정치적으로 생각이 같은 사람들이 모인 단체를 '정당'이라고 해요. 국민의 의견을 모아 정부에 전달하고 정부를 감시하기도 하며 대통령을 비롯해 국회 의원과 지방 의회 의원, 지방 자치 단체장 등의 후보를 내기도 해요.

2. 여당과 야당

여당은 대통령을 내서 정권을 잡은 정당을 말해요. 그 외의 당은 모두 야당이라서 여당은 한 개이고 야당은 수가 많아요. 대통령은 여당의 의견을 많이 따를 수 있어요. 그래서 여당이 나랏일에 영향을 끼치기도 하지만 국회 의원 수가 야당보다 적으면 큰 힘을 발휘할 수 없어요.

[아하! 정답] ②. 정당은 정치인뿐만 아니라 일반 국민도 당원 가입을 할 수 있어요.

part. 2
역사 · 정치 · 사회

똑 똑 퀴 즈

사회 현상

'풍선 효과'란 무엇일까?

① 어떤 반응이 점점 커지는 현상
② 풍선처럼 금방 터질 것 같은 현상
③ 어떤 문제를 해결하면 다른 쪽에서 문제가 생기는 현상

풍선을 눌러 봐.

더 알아봐요!
쏙 쏙 교 양

1. 풍선 효과

풍선은 누르면 그 부분은 들어가지만 다른 쪽이 불룩하게 부풀어요. 이처럼 어떤 현상을 억제하면 다른 현상이 불거지는 상황을 '풍선 효과'라고 해요. 예를 들어 어느 지역에 부동산 가격이 많이 오르는 것 같아 규제하면 다른 지역의 부동산 가격이 오르는 것을 들 수 있어요.

2. 풍선 효과의 문제

문제는 억제한다고 해결되지는 않고 다른 문제가 생기기도 해요. 청소년들의 게임 중독을 줄이려고 셧다운제를 시행하자 청소년들이 게임을 하기 위해 부모의 신분증을 도용하는 경우가 많아졌어요. 풍선 효과는 문제 해결책이 아니라 일시적인 방편에 불과해요.

[아하! 정답] ③. 셧다운제는 2011년, 밤 12시부터 새벽 6시까지 16세 미만 청소년들은 온라인 게임에 접속할 수 없게 한 규제예요.

part. 2
역사·정치·사회

사회 현상

노인 인구의 비율이 높아지는 것을 무엇이라고 할까?

① 고령화 현상　② 노인화 현상　③ 백세 현상

1. 인간의 수명과 사회

의학 기술이 발전하면서 인간의 평균 수명이 늘어났어요. 또한 아이를 낳는 비율이 낮아지면서 전체 인구 중 노년층이 차지하는 비율도 높아지고 있어요. 65세 이상의 고령자가 전체 인구의 7% 이상인 사회를 '고령화 사회'라고 해요. 14% 이상은 '고령 사회', 20% 이상은 '초고령 사회'라고 하지요.

2. 사회 문제

고령화 사회가 되면 일할 수 있는 노동 인력이 부족해요. 그러면  생산력이 떨어져 국가 재정이 어려워지고, 노인의 질병과 빈곤 등의 문제를 책임져야 할 청장년층의 부담이 커지지요. 따라서 고령화 문제가 해결되지 않으면 사회가 무너질 수도 있어요.

[아하! 정답] ①. 우리나라는 세계에서 고령화가 가장 빨리 진행 중이에요.

part. 2
역사 · 정치 · 사회

똑똑 퀴즈

`사회 현상`

작은 변화가 엄청난 결과로 이어지는 현상을 뜻하는 말은?

① 나비 효과   ② 풍선 효과   ③ 플라세보 효과

작은 날갯짓이 큰일을 내기도 해.

쏙쏙 교양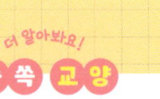

1. 소설에서 처음 사용한 말

미국의 기상학자 에드워드 노턴 로렌츠는 아주 작은 기압 차이로 날씨가 바뀔 수 있다는 점에서 '브라질에서 나비가 날갯짓을 하면 미국 텍사스에서 토네이도가 일어난다.'고 말했어요. '나비 효과'라는 말은 1952년 레이 브래드버리가 발표한 단편 소설 <천둥 소리>에서 처음 사용했어요.

2. 정말 태풍이 일어날까?

2011년 미국의 신용 평가 회사에서 미국의 신용 등급을 AAA에서 AA+로 내리자 전 세계 주식 시장이 흔들렸어요. 유럽 몇 나라의 신용 등급과 경제 성장률도 떨어졌지요. 이렇듯 미국 신용 등급이 낮아졌다는 나비의 날갯짓에 전 세계 경제에 태풍이 몰아쳤어요.

[아하! 정답] ①. 교통과 통신, 인터넷의 발달로 작은 변화가 순식간에 퍼져 나비 효과에 더 큰 영향을 미치기도 해요.

사회 현상

지역 이기주의를 무엇이라고 할까?

① 님비 현상　② 핌피 현상　③ 마블링 현상

1. '우리 집 뒷마당은 안 돼요'

1987년 미국 뉴욕 근교에서 배출된 쓰레기 3,000톤을 바지선에 싣고 미국 남부에서 중남미까지 6개월 동안 항해했지만 실패하고 돌아왔어요. 그때 사람들이 외친 말이 '우리 집 뒷마당은 안 돼요(Not In My Back Yard)'예요. 이 말을 줄여 '님비(NIMBY)'라고 해요.

2. 핌피 현상

쓰레기 소각장이나 하수 처리장, 교도소 같은 시설이 들어서는 것을 반대하는 지역 이기주의는 사회 전체에 갈등을 일으키기도 해요. 반대로 지역에 이익이 되는 시설을 유치하려는 현상은 '제발 나의 앞마당으로(Please In My Front Yard)'의 줄임말로 '핌피(PIMFY)'라고 해요.

[아하! 정답] ①. '어디에든 아무것도 짓지 마라(Build Absolutely Nothing Anywhere Near Anybody)'를 줄인 바나나(BANANA) 현상은 자기 지역에 환경 오염 시설을 설치하지 못한다는 거예요.

선거

국민의 주권을 대신 행사하는 사람은?

① 도지사　② 대통령　③ 국회 의원

1. 국민을 대표하는 사람

고대 그리스에서는 시민들이 정치에 참여했어요. 그런데 시민의 수가 늘어나고 나라가 커지면서 직접 참여하기가 어려워졌지요. 그래서 국민들이 대표자를 뽑아 대신 주권을 행사하게 했어요. 우리나라는 국민을 대표해 나랏일에 참여할 국회 의원을 투표로 뽑아요.

2. 선거의 원칙

선거에는 4가지 원칙이 있어요. 성년이 되면 누구에게나 선거권이 주어지는 보통 선거, 한 사람이 한 표씩 행사하는 평등 선거, 본인이 직접 뽑는 직접 선거, 투표한 사람의 이름을 밝히지 않는 비밀 선거예요. 그리고 공정한 선거와 투표를 관리하는 '선거 관리 위원회'가 있어요.

[아하! 정답] ③. 선거 당일에 투표하기 어려운 사람들을 위해 선거일 이전에 투표하는 '사전 투표' 제도가 있어요.

part. 2
역사 · 정치 · 사회

똑똑 퀴즈

> 법

재판은 몇 번까지 할 수 있을까?

① 한 번 ② 세 번 ③ 다섯 번

쏙쏙 교양

1. 3심 제도

재판은 법관이 법조문을 적용해 옳고 그른 것을 판단해요. 사람이 법조문을 해석하는 것이기 때문에 때로는 판결이 부당하게 여겨질 수도 있어요. 이에 대비해 한 사건에 세 번의 심판을 받을 수 있는 것이 3심 제도예요.

2. 법원

우리나라에는 대법원, 고등 법원, 지방 법원이 있어요. 대법원은 서울에만 있고 고등 법원은 서울, 부산, 대구, 대전, 광주, 수원에 있으며 지방 법원은 특별시, 광역시, 도청 소재지에 있어요. 첫 번째 재판은 지방 법원에서 하고 항소는 고등 법원, 상고는 대법원에서 이루어져요.

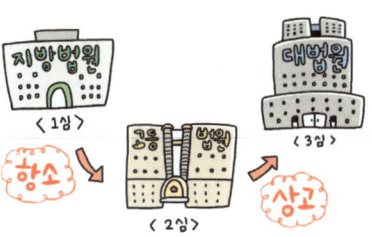

[아하! 정답] ②. 첫 판결에 다시 재판을 청구하는 것을 '항소', 또다시 재판을 청구하는 것을 '상고'라고 해요.

3장

문화·예술·세계

part. 3

문화 · 예술 · 세계

• 문화유산 •

아테나 여신에게 바친 신전은?

① 니케 신전   ② 포세이돈 신전   ③ 파르테논 신전

유네스코를 상징하는 마크야.

1. 아테나 여신과 아테네

아테나는 그리스 신화에 나오는 지혜의 여신으로 아테네시의 수호신이에요. 아테나를 위해 지은 파르테논 신전은 전쟁과 자연 재해로 파괴되어 지금은 일부만 남았지만 금과 코끼리뼈를 이용해 만든 12m의 아테나 여신상이 있었다고 해요.

2. 유네스코 상징 마크

'아크로폴리스'는 '높은 도시'라는 뜻으로, 아테네의 아크로폴리스가 특히 유명해요. 파르테논 신전이 있는 아테네의 아크로폴리스 언덕은 시민들이 모이는 곳이자 군사적으로 중요한 곳이라 요새와 성벽을 쌓고 신전을 세운 신앙의 중심지였어요. 인류 역사상 아주 뛰어난 건축물로 꼽히는 파르테논 신전은 1987년 유네스코 세계문화유산으로 지정되었어요.

[아하! 정답] ③. 그리스 신화의 아테나 여신은 로마 신화의 아테네 또는 미네르바예요.

문화·예술·세계

• 문화유산 •

똑똑 퀴즈

'앙코르 와트'는 무슨 뜻일까?

① 도시의 사원   ② 비밀의 사원   ③ 숨은 사원

사원이 얼마나 큰지 도시 같아.

쏙쏙 교양

1. 앙코르 와트

'도시(수도)의 사원'을 뜻하는 앙코르 와트는 9~15세기 캄보디아 일대를 지배한 크메르 왕국이 세운 거대한 왕실 사원이에요. 성을 둘러싼 해자는 바다, 사원을 둘러싼 벽은 히말라야 산맥을 뜻해요. 가운데에 있는 다섯 개의 탑은 힌두 신화에 나오는 세계의 중심 수미산을 뜻해요.

2. 크메르 왕국

앙코르 지역은 가뭄과 홍수가 반복되는 곳이었지만 크메르 왕이 운하와 인공 호수를 만들어 살기 좋은 땅으로 만들었어요. 그래서 백성들은 왕을 신처럼 따랐지만 13세기 말부터 힘이 약해져 결국 지금의 태국(타이)인 샴족에게 멸망했어요.

[아하! 정답] ①. 앙코르 와트는 1860년에 발견되었으며 1992년에 세계 문화유산으로 지정되었어요.

문화유산

피사의 사탑은 왜 쓰러지지 않을까?

① 지하에 비밀이 있어서
② 지을 때부터 기울어져서
③ 중력에 의해서

사탑은 기울어진 탑을 말해.

1. 피사 대성당 종탑

이탈리아 피사 대성당에 있는 피사의 탑은 종이 있는 종탑(종루)이에요. 중세 도시 국가였던 피사가 팔레르모 해전에서 이긴 것을 기념해 세웠어요. 그런데 피사의 탑은 공사 중에 지반이 내려앉아 기울기 시작해 '사탑'이라고 불러요. 3층까지 쌓았을 때 땅 한쪽이 무너져 탑이 기울었는데 그대로 완성했어요.

2. 쓰러지지 않는 사탑

1350년에 완성된 피사의 탑은 처음에는 1.4m 정도 기울었어요. 1817년에는 3.8m, 1993년에는 5.4m로 점점 더 기울자 이탈리아 정부가 보수 작업에 나섰고 지금은 19세기 초의 모습과 비슷해요. 무너질 위험은 없다고 하지만 안전을 위해 입장객을 제한하고 있어요.

[아하! 정답] ②. 피사의 사탑은 갈릴레이가 낙하 실험을 한 곳으로도 유명하며 1987년에 유네스코 세계 문화유산으로 지정되었어요.

똑똑 퀴즈

• 문화유산 •

베르사유 궁전에는 정말 화장실이 없었을까?

① 없었다   ② 있었다   ③ 확인할 수 없다

쏙쏙 교양

1. 왕의 별장에서 궁전으로

프랑스 베르사유 궁전은 바로크 양식을 대표하는 궁전이에요. 루이 13세의 별장으로 루이 14세 때 늘려 지어 대궁전으로 변신했어요. 베르사유 궁전은 궁정 의식을 치르거나 외국 사절단을 맞이할 때 사용되었어요. 1919년 제1차 세계 대전 후의 평화 조약이 이루어진 곳이기도 해요.

2. 베르사유 궁전과 화장실

당시만 해도 대부분의 사람들은 전용 변기를 가지고 다녀 베르사유 궁전에 화장실이 없었다고 해요. 궁전을 방문할 때 개인 변기가 없으면 정원에서 용변을 보는 경우가 많았어요. 그러자 냄새를 참다못한 궁전 관리인들이 정원에 세운 출입 금지 표지판이 '에티켓'이에요.

[아하! 정답] ①. 프랑스에서는 화장실이 없던 옛날에 오물을 창밖으로 던졌는데, 그 오물을 밟지 않으려고 생각해 낸 굽 높은 신발이 '하이힐'이에요.

part. 3
문화·예술·세계

똑똑 퀴즈

• 문화유산 •

프랑스에서 미국에 선물한 유명한 기념물은?

① 에펠탑 ② 독립 기념탑 ③ 자유의 여신상

독립하면 자유를 얻지.

더 알아봐요! 쏙쏙 교양

1. 미국 독립 100주년 기념

프랑스는 미국 독립 100주년을 기념해 자유의 여신상을 선물했어요. 뉴욕시 허드슨강 어귀에 세워진 자유의 여신상은 오른손에는 자유를 상징하는 횃불을, 왼손에는 자유 선언을 상징하는 책을 들고 있어요. 여신이 쓴 왕관의 빛줄기는 일곱 대양과 대륙을 상징하고, 밟고 있는 쇠사슬은 노예 제도 폐지를 의미해요.

2. 파리의 여신상들

파리 국립 기술공예 박물관에 전시된 자유의 여신상은 조각가 바르톨디가 진품을 만들기 전에 1/4 크기로 만든 거예요. 미국에 자유의 여신상을 보낸 후 하나 더 만들어 파리시에도 기증했으며, 센 강변에 있는 자유의 여신상은 프랑스 혁명 100주년을 기념해 미국이 기증한 거예요.

[아하! 정답] ③. 1984년 유네스코 세계 문화유산으로 지정된 자유의 여신상은 원래 구리의 붉은빛이었는데 산화되어 점점 푸른빛이 되었다고 해요.

part. 3
문화 · 예술 · 세계

똑똑 퀴즈

• 문화유산 •

시드니 오페라 하우스는 무엇을 본떠 만들었을까?

바다와 관련 있는 것을 찾아봐.

① 새의 날개   ② 산의 모양   ③ 조개껍데기

더 알아봐요! 쏙쏙 교양

1. 지붕이 아름다운 건축물

시드니의 상징인 오페라 하우스는 하얀 지붕선이 돋보이는 아름다운 건물이에요. 지붕이 조개껍데기처럼 포개져 있어 소리가 밖으로 새어 나가지 않도록 모아 주기 때문에 음악 공연에 알맞은 과학적인 건물이기도 해요. 2007년 유네스코 세계 문화유산으로 지정되었어요.

2. 아름다운 항구 도시 시드니

1788년 영국의 필립 총독은 시드니에 죄수와 군인을 데리고 와 식민지를 만들었어요. '시드니'는 당시 영국 내무장관 시드니 경의 이름에서 비롯되었어요. 1851년 근처에서 금이 발견되면서 인구가 늘었고, 이후 최대의 상공업 도시이자 교육 도시로 발전했어요.

[아하! 정답] ③. 오스트레일리아의 수도는 시드니가 아니라 캔버라예요. 2000년에는 시드니에서 올림픽이 열렸어요.

part. 3
문화 · 예술 · 세계

똑 똑 퀴즈

• 문화유산 •

북쪽 울안에 전통 궁궐 정원인 후원이 있는 곳은?

① 경복궁   ② 창덕궁   ③ 덕수궁

번영하고 덕을 누리라는 뜻이 담겨 있어.

쏙 쏙 교양

1. 경복궁의 이궁

태조 이성계는 경복궁에서 나랏일을 하며 지냈지만 왕자의 난을 거쳐 왕이 된 태종은 경복궁을 불길하게 여겼어요. 그래서 새로 지은 궁궐이 창덕궁이에요. 창덕궁은 임진왜란 때 불타 광해군 때 복구한 후 정궁이 되어 경복궁을 중건할 때까지 왕이 머물렀어요.

2. 아름다운 후원

창덕궁의 정문은 돈화문이고 궁 북쪽에는 '비원'이라고도 불리는 우리나라 대표적인 전통 정원이 있어요. 울창한 숲에 정자와 연못이 자리한 후원이지요. 자연과의 조화를 기본으로 하는 우리 문화의 특성이 잘 나타나 있으며 1997년 유네스코 세계 문화유산에 등재되었어요.

[아하! 정답] ②. 조선 시대에 왕이 머물던 궁궐은 경복궁과 창덕궁, 창경궁, 덕수궁, 경희궁이에요. 임금이 임시로 머물던 별궁을 '이궁'이라고 해요.

똑똑 퀴즈

• 문화유산 •

우리나라 최초의 세계 문화유산은 무엇일까?

① 창덕궁   ② 석굴암과 불국사   ③ 숭례문

경주 토함산에 있어.

더 알아봐요! 쏙쏙 교양

1. 유네스코 세계 문화유산

세계적으로 역사적 가치를 인정받는 세계 문화유산은 유네스코의 엄격한 심사를 거쳐 지정돼요. 우리나라의 세계 문화유산으로는 석굴암과 불국사를 비롯해 종묘, 해인사 장경판전, 창덕궁, 수원 화성, 경주 역사 유적지구, 조선 왕릉, 서원 등이 있어요.

2. 우리나라 최초의 세계 문화유산

우리나라 최초의 유네스코 세계 문화유산은 1995년에 지정된 경주 석굴암과 불국사예요. 석굴암은 신라가 삼국을 통일하고 발전하던 시기에 김대성이 지었어요. <삼국유사>에 따르면 김대성은 전생의 부모를 위해 석굴암을 짓고, 살아 있는 현생의 부모를 위해서는 불국사를 지었다고 해요.

유네스코와 유산

[아하! 정답] ②. <삼국유사>는 고려 충렬왕 때 승려 일연이 펴낸 역사책으로 고구려, 백제, 신라의 역사를 기록한 책이에요.

똑똑 퀴즈

• 문화유산 •

국보와 보물을 정하는 기준은?

① 가격이 비싼 것
② 국가적으로 가치가 있는 것
③ 특이하게 생긴 것

국가 유산청

1. 국가유산(문화재)

우리나라의 국가유산(문화재)은 유형 문화유산·무형 문화유산·기념물·민속자료를 말해요. 유형 문화유산 중 국가적 가치가 있는 것을 '보물', 보물에 해당하는 문화유산 중 학술적·예술적·역사적으로 더 가치가 있고 유례가 드문 것을 '국보'라고 해요. 2024년 '문화재'에서 '국가유산'으로 명칭이 바뀌었어요.

2. 국보와 보물

1933년 일제는 일본 문화재에만 국보를 적용하고 조선은 국가가 아니라며 모두 보물로 지정했어요. 1955년 우리 정부는 일본이 지정한 보물을 모두 국보로 지정했다가 1962년 문화재 보호법이 공포되면서 국보와 보물로 구분해 다시 지정했어요.

[아하! 정답] ②. 국보와 보물에는 번호가 붙는데 이 번호는 국가유산의 중요성과 상관없는 관리 번호예요.

똑똑 퀴즈

• 음악 •

오페라와 뮤지컬은 뭐가 다를까?

① 대사도 노래로 하는 점
② 공연하는 장소가 다른 점
③ 만든 시대가 다른 점

1. 오페라

오페라는 1597년 이탈리아 피렌체의 바르디 백작 저택에서 탄생했어요. 고대 그리스극을 부활하려고 그리스 신화 속 이야기를 바탕으로 노래와 연극을 결합해 만든 음악극이지요. 그래서 오페라는 이탈리아어로 된 작품이 많아요.

2. 뮤지컬

오페라는 대사도 노래로 하지만 뮤지컬은 일상적인 대화가 많아요. 오페라는 연극적인 것보다 음악을 중요하게 여기고, 뮤지컬은 이야기와 극을 더 중요하게 여기지요. 또 오페라는 성악 발성으로, 뮤지컬은 대중가요 발성으로 노래해요. 하지만 요즘에는 경계가 허물어져 성악가가 뮤지컬 무대에 서기도 해요.

[아하! 정답] ①. 오페라는 '오페라 가수', 뮤지컬은 '뮤지컬 배우'라고 해요.

part. 3
문화·예술·세계

똑똑 퀴즈

• 종교 •
부활절은 무슨 날일까?

① 성모 마리아가 태어난 날
② 달걀 먹는 날
③ 예수가 다시 살아난 날

더 알아봐요! 쏙쏙 교양

1. 기독교

기독교는 하나님의 아들인 예수의 말과 가르침을 믿고 따르는 종교예요. 기독교는 가톨릭과 정교회, 개신교로 나뉘었어요. 가톨릭은 교황을 예수의 뜻을 전하는 성직자로 여기지만 정교회에서는 교황을 무조건 인정하지는 않아요. 개신교는 종교 개혁의 결과로 로마 가톨릭에서 나뉜 교파예요.

2. 부활절

부활절은 십자가에 못 박혀 죽은 예수가 다시 살아난 것을 기념하는 날이에요. 예수가 태어난 성탄절과 함께 큰 기념일이지요. 날짜로는 3월 말에서 4월 말 사이예요. 그리고 새 생명의 탄생을 뜻하는 달걀에 그림을 그려 나누기도 해요.

[아하! 정답] ③. 기독교에서 기도나 찬송 끝에 하는 '아멘'은 '그것이 이루어지기 바란다'라는 뜻이에요.

part. 3
문화・예술・세계

똑똑 퀴즈

• 종교 •

교황은 어느 종교의 최고 지도자일까?

① 가톨릭교   ② 개신교   ③ 정교회

교황을 인정하는 종교를 찾아봐.

더 알아봐요! 쏙쏙 교양

1. 가톨릭교

가톨릭은 로마를 중심으로 발전했으며, 교황을 예수의 수제자인 베드로의 후계자로 생각해 모든 교회의 대표로 여겨요. 그런데 몇몇 독일 교회에서 '면벌부(면죄부)'를 팔았어요. 면벌부를 사면 죄가 없어진다고 여겼지요. 이에 마르틴 루터가 95개조의 항의서를 발표하며 면벌부 판매를 공격했어요. 이를 계기로 종교 개혁이 이루어져 개신교가 성립되었어요.

2. 바티칸 시국

바티칸은 세계에서 면적이 가장 작은 도시 국가예요. 이탈리아 로마시 안에 있으며 교황을 원수로 하는 독립국이지요. 교황은 황제가 직접 뽑기도 했지만 1179년부터는 추기경들이 '콘클라베'라는 회의를 통해 선출해요.

[아하! 정답] ①. 가톨릭교에서 교황 다음 가는 성직자는 '추기경'이며 우리나라 최초의 추기경은 김수환 신부님이에요.

part. 3
문화·예술·세계

똑똑 퀴즈

• 종교 •

절은 왜 대부분 산에 있을까?

① 산이 공기가 좋아서
② 부처가 산에서 태어나서
③ 불교 탄압을 피하기 위해

더 알아봐요!
쏙쏙 교양

1. 불교

샤카족(석가족)의 왕자 고타마 싯다르타는 사람들이 어떻게 하면 고통에서 벗어날 수 있을지 답을 찾기 위해 길을 떠났어요. 고향을 떠나 오랜 수행 끝에 깨달음을 얻은 싯다르타를 '붓다(석가모니)'라고 해요. 석가모니(부처)의 가르침을 바탕으로 한 종교가 불교예요.

2. 우리나라의 불교

고구려 소수림왕 때 중국에서 불교가 들어와 백제, 신라로 전파되면서 발전했어요. 고려 시대에는 나라의 보호를 받아 크게 번성했고 국가적인 불교 행사도 열렸어요. 하지만 조선 시대에 유교의 가르침을 따르면서 불교를 억누르자 탄압을 피해 절이 산으로 들어갔어요.

[아하! 정답] ③. 불교에서는 누구나 스스로 수행해서 깨달음을 얻으면 부처가 될 수 있다고 가르쳐요.

똑똑 퀴즈

• 종교 •

라마단 기간에 금식하는 종교는?

① 이슬람교   ② 불교   ③ 개신교

더 알아봐요!

1. 라마단과 단식

라마단은 이슬람교 달력으로 아홉 번째 달의 이름이에요. 무함마드가 이슬람교의 유일신 알라의 계시를 받은 달을 기념하는 것으로 한 달간 해가 떠 있는 동안에는 먹지 않아요. 단식 말고 꼭 해야 하는 알라의 과제도 있어요. 하루 다섯 번 메카를 향해 기도하고 일생에 한 번은 메카에 가야 해요.

2. 무함마드(마호메트)

무함마드는 570년경 아라비아의 메카에서 태어났어요. 대천사 가브리엘을 통해 알라의 계시를 받아 뜻을 전한 것이 이슬람교의 시작이에요. 이슬람교의 경전인 <코란>은 아랍어로만 쓰며 다른 나라 말로 번역할 수 없어요. 번역을 하면 반드시 아랍어 원문도 함께 실린대요.

[아하! 정답] ①. 메카는 무함마드가 태어난 곳이자 계시를 받은 이슬람교 최고의 성지예요.

part. 3

문화·예술·세계

똑똑 퀴즈

• 영화 •

영화 등급은 누가 정할까?

① 영화관   ② 영상물 등급 위원회   ③ 영화 진흥 공사

1. 영화의 탄생

영화는 1895년 프랑스의 뤼미에르 형제가 처음 만들었어요. 에디슨이 만든 영사기를 이용해 촬영기와 영사기로 최초의 영화를 찍었지요. 그리고 프랑스 파리의 '그랑 카페'에서 <열차의 도착>이라는 최초의 영화를 3분 정도 상영했어요. 소리 없이 영상만으로 된 무성 영화였어요.

2. 영화 등급

영화에는 관람객의 연령을 제한하는 등급이 있어요. 청소년들을 보호하기 위한 목적이며 우리나라 영화 등급은 영상물 등급 위원회에서 정해요. 우리나라 극장에서 상영되는 모든 영화는 전체 관람가, 12세 이상 관람가, 15세 이상 관람가, 청소년 관람 불가로 등급이 나뉘어요.

[아하! 정답] ②. 화면과 함께 소리가 나오는 최초의 유성 영화는 1927년에 개봉했어요.

part. 3
문화·예술·세계

똑똑 퀴즈

•영화•

'블록버스터'라는 말은 어디에서 유래했을까?

① 영화감독 이름   ② 영화 제작사 이름   ③ 폭탄 이름

더 알아봐요! 쏙쏙 교양

1. 블록버스터

제2차 세계 대전 때 영국 공군은 무게가 약 4.5톤이나 되는 폭탄을 사용했어요. 한 구역(block)이 송두리째 파괴(bust)될 정도로 폭발력이 대단해 '블록버스터'라는 이름이 붙었지요. 이 폭탄 이름에서 유래해 흥행에 크게 성공하거나 제작비를 많이 들여 만든 영화를 '블록버스터'라고 해요.

2. 최초의 블록버스터

블록버스터는 짧은 기간에 큰 성공을 거둔 영화를 가리키기도 해요. 1975년 식인 상어가 나오는 스티븐 스필버그 감독의 영화 <죠스>가 영화 역사상 최초로 1억 달러가 넘는 수익을 올리면서 '블록버스터'라는 말을 탄생시켰어요.

<죠스> 원작 소설 표지

[아하! 정답] ③. 스티븐 스필버그는 <죠스> 외에 <ET>, <인디애나 존스 시리즈>, <쥬라기 공원>, <쉰들러 리스트> 등 사랑받는 영화를 많이 만들었어요.

아카데미상 트로피 이름은 무엇일까?

• 영화 •

① 오스카   ② 시크릿   ③ 아카데미

아카데미상을 이 트로피상이라고도 불러.

1. 권위 있는 영화상

아카데미상 후보는 미국에서 상영된 모든 영화를 대상으로 해요. 우리나라는 2020년 봉준호 감독의 <기생충>이 작품상과 감독상을 비롯해 4개의 상을 수상했어요. 비영어권 국가 최초의 작품상 수상이지요. 이듬해에는 한국계 미국인 정이삭 감독의 <미나리>에 출연한 윤여정 배우가 한국인 최초로 여우 조연상을 수상했어요.

2. 아카데미상의 트로피

아카데미상 수상자에게는 사람 모양의 트로피를 줘요. '오스카상'이라고도 하는데 누군가 '오스카 삼촌이랑 닮았다'고 말한 데서 유래했다고 해요. 손에 칼을 쥐고 필름 릴 위에 있는 모습으로, 5개의 필름 릴은 배우와 감독, 제작, 기술, 각본을 상징한다고 해요.

[아하! 정답] ①. 세계적으로 유명한 3대 영화제로 칸, 베니스, 베를린 영화제를 꼽아요.

• 미술 •

미켈란젤로는 어떻게 천장에 그림을 그렸을까?

① 종이에 그려서 천장에 붙임
② 작업대에 거의 누워서 그림
③ 제자들에게 시킴

1. 미켈란젤로

미켈란젤로는 미술에 뛰어난 재능이 있었어요. 피렌체에서 미술 공부를 했고 메디치 가문의 조각 학교에 입학한 후 1499년경 로마의 성 베드로(산피에트로) 대성당에 <피에타>상을 제작하면서 유명해졌어요. 그 외 <다비드>상과 <천지 창조>, <최후의 심판> 등 뛰어난 작품을 많이 남겼어요.

2. <천지 창조> 완성

산피에트로 대성당 건축가인 브라만테는 교황의 총애를 받는 미켈란젤로를 곤경에 빠뜨리기 위해 시스티나 성당 천장화를 그리게 했다고 해요. 미켈란젤로는 천장 밑에 높은 작업대를 놓고 거의 누운 상태로 힘들게 그려 4년여 만에 천장화를 완성했어요.

[아하! 정답] ②. 미켈란젤로는 너무 오랫동안 고개를 젖힌 채 그림을 그려 시력도 떨어지고 목에도 이상이 생겼다고 해요.

part. 3
문화·예술·세계

• 미술 •

밀레의 〈만종〉 속 부부는 왜 들판에서 고개를 숙이고 있을까?

① 일이 잘 안 돼서 ② 일하다가 힘들어서 ③ 기도하느라

1. 농민 화가 밀레

프랑스의 화가 밀레는 아버지를 그린 초상화가 처음으로 살롱전에 당선되었어요. 그 후 〈씨 뿌리는 사람〉을 출품했지만 평론가들의 비판을 받았어요. 그래도 농촌의 풍경과 생활 모습을 계속 그려 1868년 프랑스 최고 권위의 레지옹 도뇌르 훈장을 받았어요.

2. 〈만종〉

〈만종〉은 〈이삭줍기〉와 함께 밀레의 대표작이에요. 해지는 들녘에서 농부 부부가 마주 서 고개를 숙이고 삼종 기도를 드리는 모습이 담긴 그림이지요. 삼종 기도는 가톨릭에서 아침, 낮, 저녁에 종을 칠 때마다 예수의 탄생과 성모 마리아를 공경하는 뜻으로 드리는 기도예요.

[아하! 정답] ③. 고흐는 밀레를 매우 존경해 밀레의 그림을 따라 그리기도 했어요.

설날에는 왜 떡국을 먹을까?

① 재앙을 물리치기 위해
② 떡국을 먹어야 나이를 한 살 먹으므로
③ 깨끗한 마음으로 새해를 시작하기 위해

1. 떡국의 모양과 상징

우리나라의 대표 명절인 설날은 음력 1월 1일이에요. '설날' 하면 빠질 수 없는 음식이 떡국이지요. 설날에 떡국을 먹는 풍습은 먼 옛날 태양을 숭배하던 데에서 비롯되었어요. 떡국의 떡은 둥그스름한데, 이는 '태양'을 상징하는 것이라고 해요.

2. '구정'이 아니라 '설'

일제 강점기 때 일본은 우리 민족의 문화와 정기를 말살하기 위해 명절들을 없앴어요. 설을 오래된 설이라는 의미로 '구정'이라 하고, 양력 1월 1일을 '신정'이라고 하며 양력설을 쇠라고 강요했지요. 1989년 이후에야 음력 1월 1일이 우리 민족 고유의 '설' 명절로 자리잡았어요.

[아하! 정답] ③. 깨끗한 마음으로 새해 첫날을 시작한다는 뜻으로 흰색 떡국을 끓여 먹어요.

part. 3
문화 · 예술 · 세계

똑똑 퀴즈

• 전통 •

김치는 언제부터 먹었을까?

① 원시 시대   ② 삼국 시대   ③ 일제 강점기 이후

더 알아봐요!

쏙쏙 교양

1. 김치

김치는 우리나라의 대표적인 전통 발효 음식이에요. 항균 작용으로 우리 몸에 유해한 균의 활동을 억제하고 장내 유해 세균이 번식하는 것을 막기도 해요. 비타민 C도 풍부하고 알칼리성 식품이라 육류나 산성 식품을 먹었을 때 건강에 도움을 주지요.

2. 김치는 언제부터 먹었을까?

우리나라는 겨울에 부족한 채소를 저장하기 위해 김치를 담가 먹었어요. 삼국 시대에 먹었다는 기록이 있으며, 우리가 요즘 먹는 김치는 조선 시대 즈음부터 먹기 시작했어요. 소금에 채소를 절여 저장하던 것에서 조선 중기 이후 고추가 들어오면서 크게 발전했어요.

[아하! 정답] ②. 긴 겨울에 먹기 위해 김치를 한꺼번에 많이 담그는 것을 '김장'이라고 해요.

왜 13일의 금요일을 싫어할까?

① 기독교의 영향을 받아서
② 13일에 큰 사고가 있어서
③ 오래된 미신이라서

1. 13일의 금요일

예수는 12명의 제자와 마지막으로 저녁 식사를 했어요. 그런데 예수를 포함해 13번째 손님이 유다였어요. 유다의 배반으로 결국 예수가 십자가에 못 박히게 되었지요. 그 후 13이란 숫자를 불행하게 여기게 되었고, 예수가 죽은 날이 금요일이기 때문에 13일의 금요일을 좋지 않은 날로 여겨요.

2. 불길하게 여기는 숫자

우리나라와 중국, 일본 등 한자 문화에서는 4를 불길하게 여겨요. 발음이 한자 '죽을 사(死)'와 같기 때문이지요. 서양에서는 6이 짐승이나 사탄을 의미한다고 해서 불행한 숫자로 여기고, 태국에서도 6이 '넘어지다'와 발음이 비슷해 실패를 뜻하는 숫자라고 해요.

[아하! 정답] ①. 우리나라는 3을 안정과 조화의 숫자로 여겨 행운의 숫자라 하고, 중국은 부를 뜻하는 한자와 발음이 비슷한 8을 행운의 숫자로 여겨요.

part. 3
문화 · 예술 · 세계

똑 똑 퀴 즈

• 문화 •

생일 축하 노래는 누가 만들었을까?

① 유명한 작곡가   ② 유치원 선생님   ③ 알 수 없다

쏙 쏙 교양
더 알아봐요!

1. 세계인의 축하 노래

'생일 축하합니다(Happy birthday to you)'는 전 세계 사람들이 부르는 축하 노래예요. 이 노래는 1893년 미국의 유치원 선생님이 아이들에게 아침 인사를 가르치기 위해 만들었대요. 1924년 2절 가사에 '생일 축하합니다'를 넣으면서 세계적으로 유명해졌다고 해요.

2. 생일 케이크

생일에 빼놓을 수 없는 것이 케이크지요. 고대 그리스인들은 아르테미스를 아이의 건강을 지켜 주는 수호신이라고 믿었어요. 아기가 태어나거나 생일이 되면 신전에 가서 아르테미스를 상징하는 빵에 꿀을 발라 바치며 행복을 기원한 것이 오늘날의 생일 케이크가 되었어요.

[아하! 정답] ②. 우리나라에서는 수수와 팥의 붉은색이 액운을 피한다고 해서 열 살이 될 때까지 생일에 수수팥떡을 해 주었어요.

• 문화 •

장례식 때 왜 검은색 옷을 입을까?

① 검은 색이 때가 잘 안 타서
② 죽은 사람을 애도하기 위해서
③ 귀신이 따라붙지 않게 하려고

1. 장례식 상복

장례식에서는 상복(상중에 입는 옷)으로 대부분 검은색 옷을 입어요. 서양에서는 검은색 옷을 입고 있으면 죽은 사람의 영혼이 알아보지 못해서 쫓아오지 않는다고 믿었대요. 그래서 검은색 베일로 얼굴을 가리기도 했어요.

2. 우리나라의 상복

우리나라는 예로부터 흰색 상복을 입었어요. 누런 삼베옷을 입기도 했지요. 흰색은 하늘과 태양 그리고 시작을 알리는 색으로 다음 생에 더 좋은 곳으로 가라는 뜻으로 흰색 옷을 입었다고 해요. 요즘은 우리나라도 검은색 상복을 입는 경우가 더 많아요.

[아하! 정답] ③. 죽은 사람에게 입히는 옷을 '수의'라고 해요.

똑똑 퀴즈

• 전통 •

어버이날에는 왜 카네이션을 달까?

① 카네이션이 가장 예쁠 때라서
② 모성애를 상징해서
③ 상업적인 영향으로

더 알아봐요! 쏙쏙 교양

1. 어버이날

5월 8일 어버이날은 부모님의 은혜에 감사하고 어른을 공경하는 날이에요. 이 날은 자녀들이 부모에게 카네이션을 달아 드려요. 원래 1956년에 '어머니날'로 지정했다가 1973년 아버지를 포함한 어른들을 공경한다는 뜻에서 '어버이날'로 바꾸었어요.

2. 카네이션

어머니날은 서양에서 시작되었어요. 1907년 '아나 자비스'란 사람이 어머니가 세상을 떠난 지 2주년 되는 날, 어머니가 좋아하던 흰색 카네이션을 사람들에게 나누어 주었어요. 그리고 어머니날을 만들자고 했대요. 흰색 카네이션은 모성애를 뜻하며 성모 마리아가 눈물을 흘렸던 자리에 피어난 꽃이라고 해요.

[아하! 정답] ②. 부모님이 살아 계시면 빨간색 카네이션, 돌아가셨으면 흰색 카네이션을 드려요.

part. 3
문화·예술·세계

똑똑 퀴즈

• 전통 •

결혼식에서 신부는 왜 부케를 던질까?

① 다른 사람에게 행운을 나누어 주려고
② 거추장스러워서
③ 멋진 사진을 찍기 위해서

결혼식에는 많은 사람들이 축복을 나누지요.

쏙쏙 교양

1. 부케

결혼식에서 신부가 부케를 들기 시작한 것은 기원전 4세기부터라고 해요. 처음에는 아기를 많이 낳고 풍요롭게 살라는 뜻으로 곡식 다발로 만들었어요. 중세에 들어 꽃으로 부케를 만들었는데, 꽃향기가 신부를 병과 악령으로부터 보호한다고 믿었기 때문이에요. 행운, 축복을 의미하는 부케를 받으면 곧 결혼하게 된다고 해요.

2. 웨딩드레스

먼 옛날에는 노란색이나 보라색 웨딩드레스를 입기도 했대요. 흰색 드레스가 비싸기도 하고 상복으로 흰색을 입었기 때문에 결혼식에서 입지 않았어요. 그러다가 1849년 영국의 빅토리아 여왕이 흰색 드레스를 입고 나서부터 입기 시작했다고 해요.

[아하! 정답] ①. 부케는 프랑스어로 '다발', '묶음'을 뜻해요.

part. 3
문화·예술·세계

똑똑 퀴즈
· 전통 ·

결혼반지는 왜 넷째 손가락에 낄까?

① 손가락 중에 가장 예뻐서
② 활동하기 편하기 때문에
③ 넷째 손가락이 심장과 연결되어 있어서

결혼반지라니, 두근두근!

더 알아봐요! 쏙쏙 교양

1. 결혼반지

반지는 시작도 끝도 없는 고리 모양으로 '영원'을 의미해요. 그래서 영원한 사랑의 맹세로 결혼반지를 주고받지요. 결혼반지는 대개 왼손 넷째 손가락에 끼는데 그 이유는 왼손 넷째 손가락의 혈관이 심장과 연결되어 있기 때문이라고 해요.

2. 손가락 이름

손가락마다 이름이 있어요. 짧고 굵은 첫 번째 손가락은 '엄지', 두 번째 손가락은 '집게손가락' 또는 '검지', 세 번째 손가락은 '가운뎃손가락' 또는 '중지', 네 번째 손가락은 약을 저을 때 쓰는 손가락이라고 '약손가락', 또는 '약지' '무명지'라고도 해요. 가장 가느다란 다섯 번째 손가락은 '새끼손가락' 또는 '소지'예요.

[아하! 정답] ③. 남자가 청혼할 때 반지를 주는데 조선 시대에는 빗을 주었다고 해요.

part. 3
문화·예술·세계

• 전통 •
똑똑 퀴즈
옛날에는 왜 빠진 이를 지붕에 던졌을까?

① 새 이가 나라고
② 이를 버릴 데가 없어서
③ 아무도 찾지 못하게 하려고

충치 생기지 않도록 양치질 잘해야지.

더 알아봐요! 쏙쏙 교양

1. '헌 이 줄게 새 이 다오'

옛날, 우리 조상들은 까치가 새 이를 나게 해 준다고 믿어 빠진 이를 지붕 위로 던졌어요. 스페인에서는 빠진 이를 베개 밑에 놔두면 쥐가 가져가고 돈이나 선물을 준다고 믿었고, 아프리카에서는 윗니가 빠지면 지붕에 던지고 아랫니가 빠지면 땅에 묻는다고 해요.

2. 이가 빠지는 이유

태어나서 처음 난 이를 '젖니'라고 해요. 그리고 만 여섯 살 정도가 되면 젖니가 빠지기 시작하면서 '영구치'가 나요. 어른이 되면 보통 28개의 이가 나는데 사랑니는 나는 사람도 있고 그렇지 않은 사람도 있어요. 영구치가 난 이후에는 다시 나지 않기 때문에 썩거나 깨지지 않게 관리를 잘해야 해요.

[아하! 정답] ①. 사람의 이는 4개의 사랑니를 포함해 모두 32개예요. 셋째 뒤어금니를 '사랑니'라고 해요.

part. 3
문화·예술·세계

똑똑 퀴즈

• 전통 •

네 잎 클로버는 왜 행운의 상징이 되었을까?

① 전쟁 때 나라를 구해서
② 클로버 모양이 천사의 날개와 닮아서
③ 나폴레옹의 목숨을 구해 줘서

네 잎 클로버를 간직하면 행운이 올까?

 더 알아봐요! 쏙쏙 교양

1. 네 잎 클로버

토끼풀이라고도 하는 클로버의 꽃말은 '행운', '평화'예요. 보통 세 잎인데 네 잎을 발견하면 행운이 따른다고 하지요. 알프스산을 넘어가던 나폴레옹이 식물을 발견하고 자세히 보려고 허리를 굽힌 순간 적군의 총알이 머리 위로 스쳐 지나갔다고 해요. 그 식물이 네 잎 클로버라 행운의 상징이 되었어요.

2. 행운의 상징

우리나라는 새해 아침에 조리를 벽에 걸어 두면 복이 온다고 믿었어요. 일본에서는 앞발로 사람을 부르는 고양이 장식인 '마네키네코'가 손님을 부른다고 해요. 또 러시아의 '마트료시카'는 모양은 같고 크기가 다른 여러 인형이 들어 있어 끊임없는 행운을 상징해요.

[아하! 정답] ③. 행운을 가져다준다고 믿는 물건이나 사람을 '마스코트'라고 해요. 마스코트의 원래 뜻은 '마녀' 또는 '작은 마녀'예요.

part. 3
문화 · 예술 · 세계

똑똑 퀴즈

• 문화 •

토마토 던지기 축제가 열리는 나라는?

① 스페인   ② 미국   ③ 영국

먹기도 부족한데 던지다니!

쏙쏙 교양

1. 이색적인 축제

스페인에서는 해마다 8월 마지막 수요일에 토마토를 마을 광장에 쌓아 놓고 던지는 '라 토마티나' 축제가 열려요. 온몸이 토마토로 빨갛게 물드는 이 축제는 빠른 기간에 발전해 세계 각국의 수많은 관광객이 찾고 있어요. 토마토는 꼭 으깨서 던져야 한다고 해요.

2. 세계의 축제

태국에는 '송크란 축제'가 있어요. 1년 중 가장 더운 시기에 물을 뿌려 더위를 식히고 농사철에 비가 내리기를 바라는 축제예요. 삼바 춤으로 유명한 브라질 리우데자네이루에서는 '리우 카니발'이 열리고 일본 홋카이도의 삿포로에서는 해마다 2월에 '눈축제'를 해요. 눈과 얼음으로 장식한 조각 전시회를 보러 전 세계 관광객들이 모여들어요.

[아하! 정답] ①. 카니발은 가톨릭의 전통 명절로 금식을 해야 하는 사순절 전에 사흘 동안 고기를 먹고 즐기는 행사를 말해요.

part. 3
문화·예술·세계

똑 똑 퀴 즈
• 전통 •
잔칫날에는 왜 국수를 먹을까?

① 빨리 먹을 수 있어서
② 싸고 맛있어서
③ 면발처럼 오래 행복하게 살라고

오래오래 행복하게 사세요.

더 알아봐요!
쏙 쏙 교 양

1. 잔치국수

우리나라는 잔칫날이면 손님들에게 국수를 대접했어요. 옛날에는 밀가루가 아주 귀해서 잔치국수는 손님 대접에 훌륭한 음식이었어요. 또한 결혼식이나 생일 같은 잔치 때 오래오래 행복하게 잘 살기를 바라는 마음에서 면발이 긴 국수를 먹지요.

2. 또 다른 잔치 음식

우리나라 잔칫상에 빠지지 않는 음식 중 하나가 잡채예요. 삶은 당면에 여러 가지 볶은 채소와 고기 등을 간장 양념으로 버무려 먹는 음식이지요. '잡'은 '섞이다'는 뜻이고 '채'는 '채소'를 뜻해요. 다양한 채소를 섞은 음식이라는 뜻으로 옛날에는 잡채에 당면을 넣지 않았다고 해요.

[아하! 정답] ③. 잔치국수는 밀가루로 만들고 당면은 녹두나 감자, 고구마 등의 녹말로 만들어요.

똑똑 퀴즈

• 전통 •

견우와 직녀가 만나는 다리는 누가 만들까?

① 별   ② 까치와 까마귀   ③ 나무

쏙쏙 교양

1. 칠월 칠석

칠월 칠석은 음력 7월 7일이에요. 직녀는 옥황상제의 딸로 길쌈을 잘했고 견우는 착실한 목동이었어요. 두 사람이 결혼한 후 일은 하지 않고 게으름을 피우자 화가 난 옥황상제가 은하수 양쪽 끝으로 보내 1년에 한 번만 만날 수 있게 했지요. 까마귀와 까치가 다리를 놓아 견우와 직녀가 만날 수 있도록 도와준다는 설화가 있어요.

2. 견우성과 직녀성

견우와 직녀는 만나면 기뻐서 울고 헤어질 때는 아쉬워서 운다고 해요. 그래서 칠석날에는 비가 온다는 전설이 있어요. 밤하늘의 견우성은 독수리자리, 직녀성은 거문고자리에서 가장 빛나는 별이에요. 여름철 대표적인 별자리로, 직녀성과 견우성은 서로 마주 보고 있어요.

[아하! 정답] ②. 까치와 까마귀가 만든 다리를 '오작교'라고 하며, 사람이나 친구 사이를 연결해 주는 사람을 비유할 때 쓰기도 해요.

4장

문학·철학·
말과 글

part. 4
문학·철학·말과 글

똑똑 퀴즈

명언

'주사위는 던져졌다'는 누가 한 말일까?

① 카이사르   ② 안토니우스   ③ 클레오파트라

주사위를 던졌으니 이제 되돌릴 수 없지.

더 알아봐요! 쏙쏙 교양

1. '주사위는 던져졌다'

어떤 일을 결정하고 돌이킬 수 없을 때 사용하는 말이에요. 되돌릴 수 없으니 결과를 운명에 맡기겠다는 뜻이지요. 로마의 군인이자 정치가인 카이사르가 루비콘강 앞에서 한 말로, '루비콘강을 건넜다'는 말과 함께 사용하기도 해요.

2. 루비콘강을 건너라!

많은 사람이 카이사르를 따르자 원로원은 카이사르가 군대를 이끌고 갈리아 지방으로 간 사이 그가 반역을 저질렀다고 거짓말했어요. 카이사르는 몹시 화가 났지만 갈리아 지방을 정복하고 돌아오다 루비콘강에서 망설였어요. 군대를 이끌고 강을 건너면 진짜 반역자가 되니까요.

[아하! 정답] ①. 루비콘강은 로마 공화 정치 시대에 이탈리아와 갈리아의 경계였어요. 이탈리아로 입국할 때 여기서 군대의 지휘권을 포기하는 관습이 있었어요.

part. 4
문학·철학·말과 글

똑 똑 퀴 즈

[명언]

'인생은 짧고 예술은 길다'는 누가 한 말일까?

① 아리스토텔레스　② 히포크라테스　③ 소크라테스

예술은 위대하고 영원해.

쏙 쏙 교 양 더 알아봐요!

1. '인생은 짧고 예술은 길다'

'인생은 짧고 의술은 길다'. 의학 공부는 시간이 많이 걸리지만 사람의 생명은 짧아서 열심히 공부해야 한다는 뜻이에요. 히포크라테스 잠언집에 나오는 이 말을 미국의 시인 롱펠로가 고쳐 쓰면서 인생은 짧지만 예술 작품은 오래 남는다는 뜻이 되었어요.

2. 의학의 아버지

지금으로부터 약 2500년 전, 그리스의 의사 히포크라테스는 경험적 지식에 따라 의술을 펼칠 것을 주장하며 서양 의학의 기초를 세웠어요. 그리고 환자의 신분을 가리지 않고 정성껏 치료해야 하는 의사의 윤리의식을 '히포크라테스 선서'에 담았어요.

[아하! 정답] ②. 의과 대학을 졸업할 때 '히포크라테스 선서'를 하고 간호학도는 졸업할 때 '나이팅게일 선서'를 해요.

part. 4
문학 · 철학 · 말과 글

똑똑 퀴즈

명언

'검은 고양이든 흰 고양이든 쥐만 잘 잡으면 된다'는 무슨 뜻일까?

① 쥐를 잡기 위해서는 어떤 방법을 써도 된다
② 모든 고양이는 다 예쁘다
③ 경제를 살리기 위해 이념은 중요하지 않다

쥐만 잡는다면 어떤 고양이든 상관없어.

쏙쏙 교양

1. 중국의 변화

중화 인민 공화국을 세운 마오쩌둥(모택동)은 '대약진 운동'이라는 경제 발전 계획을 세웠지만 실패했어요. 뒤를 이은 지도자 덩샤오핑(등소평)이 농민에게 개인 땅을 갖게 하자 생산량이 점점 늘었지요. 그리고 외국 기업들이 중국에서 사업을 할 수 있도록 하자 중국 경제는 빠르게 좋아졌어요.

2. 검은 고양이든 흰 고양이든 쥐만 잘 잡으면 된다

공산주의 국가는 자본주의와 달리 개인의 재산을 인정하지 않아요. 외국에 경제를 개방하는 것도 자본주의 국가의 방법이에요. 하지만 덩샤오핑은 "검은 고양이든 흰 고양이든 쥐만 잘 잡으면 된다."라며 중국 경제를 살리기 위해 공산주의든 자본주의든 이념은 상관없다고 했어요.

[아하! 정답] ③. 덩샤오핑은 마오쩌둥의 뒤를 이어 개혁을 추진했고 1978년 미국과 외교 관계를 맺기도 했어요.

part. 4
문학·철학·말과 글

언어

세상에서 가장 많이 사용하는 언어는 무엇일까?

① 영어   ② 중국어   ③ 스페인어

사용하는 인구를 생각해 봐.

1. 세계 공용어

세계 공용어는 영어예요. 그래서 영어를 가장 많이 사용하는 것 같지만 인구수로 따지면 중국어를 사용하는 사람이 가장 많아요. 중국 인구가 많기도 하고, 서남아시아에서도 중국어를 쓰는 곳이 많기 때문이에요.

2. 언어

세계에는 다양한 민족과 언어가 있어요. 하지만 우리나라처럼 고유의 말과 글을 가지고 있는 나라는 드물어요. 특히 세종대왕이 만든 한글은 과학적 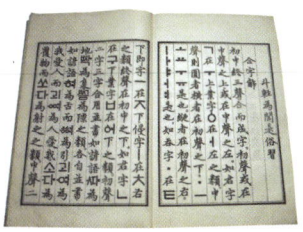 일 뿐만 아니라 세계 문자 중 언제, 누가, 왜 만들었는지 알려진 유일한 문자예요.

[아하! 정답] ②. 세종대왕이 창제한 '훈민정음'을 주시경 선생이 '한글'이라고 고쳐 불렀어요.

part. 4
문학·철학·말과 글

언어
그리스 신화에서 **발뒤꿈치**에 화살을 맞고 죽은 영웅은?

① 헤라클레스　② 아킬레우스　③ 아폴론

1. 치명적인 약점

바다의 여신 테티스는 영웅 펠레우스와 결혼해 낳은 아킬레우스(아킬레스)를 불사신으로 만들려고 저승의 강(스틱스)에 담갔어요. 하지만 잡고 있던 발목에 강물이 닿지 않아 발뒤꿈치 부분은 상처를 입을 수 있었어요. 아킬레우스는 결국 유일한 약점인 발뒤꿈치에 화살을 맞아 죽었어요.

2. 그리스 신화 속 의학

의학 용어 '아틀라스'도 그리스 신화에서 유래했어요. 아틀라스는 올림피아 신들이 티탄 신족과 싸울 때 티탄 신족 편을 들어 제우스에게 하늘을 떠받치는 벌을 받았어요. 아틀라스는 '지탱하는 자'라는 뜻으로, 의학에서는 머리를 지탱하는 첫 번째 목뼈를 가리켜요.

[아하! 정답] ②. 아킬레스건은 인체에서 가장 긴 힘줄이며 치명적인 약점을 뜻해요.

part. 4
문학·철학·말과 글

똑 똑 퀴 즈

언어

'보이콧'은 무슨 뜻일까?

① 소년을 부르겠다
② 조용히 하라
③ 받아들이지 않겠다

더 알아봐요! 쏙 쏙 교 양

1. 보이콧의 유래

아일랜드에 보이콧이라는 농장 주인이 있었어요. 어느 해 큰 흉년이 들어 농민들이 소작료를 깎아 달라고 했지만 보이콧은 들어주지 않았어요. 결국 농민들이 일을 하지 않아 보이콧은 자기 땅에서 쫓겨나고 말았어요. 이와 같이 '보이콧'은 어떤 일을 받아들이지 않고 공동으로 싸우는 것을 말해요.

2. 보이콧의 예

개인뿐 아니라 기업이나 나라 사이에 거래를 멈추는 보이콧도 있어요. 냉전 시대에 모스크바 올림픽이나 로스앤젤레스(LA) 올림픽 때 미국과 소련이 서로의 올림픽에 참가하지 않은 것과 같은 경우지요. 우리나라도 2019년 일본 징용 피해자 배상 판결에 대한 보이콧으로 일본 제품 불매 운동을 벌였어요.

[아하! 정답] ③. 어떤 목적을 위해 특정 상품을 사지 않는 것을 '불매 운동'이라고 해요.

part. 4
문학 · 철학 · 말과 글

똑똑 퀴즈

언어

가장 유명한 디데이는 언제일까?

① 노르망디 상륙 작전
② 여왕의 생일
③ 포로 구출 작전

쏙쏙 교양

1. 디데이(D-Day)

중요한 날이나 약속이 있는 날을 '디데이'라고 해요. D-숫자로 표시해 하루하루 숫자를 줄여 가지요. 그런데 디데이는 원래 군대에서 사용하던 말이에요. 군대에서 공격 예정일이 정해지면 그 날을 기준으로 계획을 준비할 때 디데이를 사용해요. 요즘은 평상시에도 사용해요.

2. 유명한 디데이

제2차 세계 대전 중이던 1944년 6월 6일, 나치가 점령한 유럽에 연합군이 공격을 하는 작전의 날이었어요. 이 날을 디데이 삼아 연합군이 프랑스령 노르망디 해안에 상륙해 프랑스가 해방되었어요. 디데이가 널리 사용되면서 군사 작전 날짜에는 디데이를 사용하지 않는다고 해요.

[아하! 정답] ①. 맥아더 장군의 레이테섬 침공 작전은 '에이데이', 오키나와 침공 작전은 '엘데이'라고 했어요.

part. 4
문학·철학·말과 글

똑똑 퀴즈

`언어`

흔히 '거짓 눈물'을 누구의 눈물이라고 할까?

① 참새   ② 악어   ③ 사자

쏙쏙 교양

1. 악어의 눈물

이집트 나일강에 사는 악어는 먹이를 잡아먹을 때 눈물을 흘린다고 해요. 언뜻 보기에는 먹이를 잡아먹는 것이 미안해서 눈물을 흘리는 것 같지만 그게 아니에요. 오히려 먹이를 삼키기 쉽게 입의 수분을 보충하는 것이라고 해요.

2. 위선자의 눈물

악어가 먹이를 먹을 때 우는 것처럼 보이는 거짓 눈물이나 행동을 '악어의 눈물'이라고 해요. 악어의 눈물은 여러 문학 작품에도 등장해요. 대부분 위선자의 눈물에 빗대어 사용하지요. 특히 선거에서 정치가가 패배한 상대 앞에서 흘리는 눈물을 가리키는 경우가 많아요.

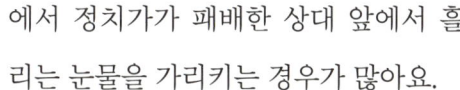

[아하! 정답] ②. '위선자'는 겉으로는 착한 척하고 속은 그렇지 않은 사람을 말해요.

똑똑 퀴즈

[용어]

매의 이름표를 가리키는 말은?

① 시치미　② 명찰　③ 꼬리표

쏙쏙 교양

1. 매의 이름표

우리나라는 삼국 시대부터 매사냥을 시작한 것으로 전해져요. 사냥을 위해 어린 매를 길렀는데, 매가 서로 바뀌기도 하고 좋은 매를 훔치기도 했대요. 그래서 주인을 나타내기 위해 표지를 달았는데, 그 이름표를 '시치미'라고 해요. 주인의 이름과 방울을 매의 꼬리에 달아 주인이 있다는 것을 알렸어요.

2. 매사냥의 역사

고려 충렬왕 때는 매를 키우고 관리하는 '응방'을 두었어요. 이후 계속 이어 오던 매사냥은 일제 강점기 때 사라질 뻔했지만 지금까지 이어지고 있으며 매를 키우고 사냥하는 사람을 '응사'라고 해요. 응사는 무형유산(무형 문화재) 기능 보유자로 지정되어 있어요.

[아하! 정답] ①. '무형유산'은 전통 기술이나 생활 관습 등의 국가유산이에요. '문화재'는 2024년 '국가유산'으로 용어가 바뀌었어요.

part. 4
문학·철학·말과 글

똑똑 퀴즈

용어

범인을 찾기 위해 만든 사진을 무엇이라고 할까?

① 증명사진 ② 머그샷 ③ 몽타주

직접 찍은 사진이 없기 때문에 그리는 경우가 많아.

쏙쏙 교양

1. 용의자를 찾는 사진

죄를 저지른 용의자를 찾을 때 여러 사람의 사진에서 얼굴과 코, 입, 눈 등 비슷한 부분만 따서 합쳐 형상을 만들어요. 프랑스 말로 '조립'이라는 뜻의 몽타주는 CCTV에 찍힌 범인의 얼굴이 없을 때 만들지요. 합성한 것이지만 목격자의 증언을 모아 만들어 몽타주만 봐도 수배자를 알아볼 수 있다고 해요.

2. 콜라주와 몽타주

조각을 붙여서 만드는 미술 기법에 콜라주가 있어요. 콜라주가 서로 다른 재료를 결합해서 만든 것이라면 몽타주는 특정한 것을 전달하기 위해 이미지를 만드는 거예요. 예전에는 몽타주를 미술을 전공한 화가들이 그렸는데 요즘은 컴퓨터로 합성을 해요.

[아하! 정답] ③. 최근에는 유전자 정보로 머리카락과 홍채 색깔을 알아 몽타주를 작성하는 기술이 개발되기도 했어요.

part. 4
문학·철학·말과 글

똑똑 퀴즈

고전

예수의 가르침을 담은 책의 이름은?

① 코란 ② 논어 ③ 성경

쏙쏙 교양

1. 예수의 가르침

기독교의 경전인 <성경>은 이스라엘 민족의 역사와 하나님의 계시 등을 기록한 구약과 예수의 탄생과 죽음, 부활에 관한 이야기가 담긴 신약이 있어요. '책들'을 뜻하는 그리스어 '비블리아'에서 '바이블(성경)'이 되었다고 해요. 성경은 구약 성경과 신약 성경으로 이루어져 있으며 지금까지 출판된 책 중 가장 많이 팔린 베스트셀러이기도 해요.

2. 필사와 인쇄술

예전에는 성경을 일일이 베껴 써서 성경은 물론 책이 귀했어요. 그런데 독일의 구텐베르크가 인쇄술을 발명하면서 한꺼번에 많은 책을 빨리 찍을 수 있게 되었지요. 인쇄술의 발달 덕분에 성경책을 쉽게 구할 수 있었고 그만큼 종교도 빠르게 발전했어요.

[아하! 정답] ③. 세계 최초의 금속 활자는 서양보다 200년 앞선 고려에서 발명되었어요.

part. 4
문학·철학·말과 글

똑똑 퀴즈

고전

그리스 로마 신화는 어떤 신의 이야기일까?

① 나라를 건국한 신   ② 올림포스산의 신   ③ 사람들에게 복을 주는 신

쏙쏙 교양

1. <그리스 로마 신화>

그리스 신화는 올림포스 열두 신을 중심으로 펼쳐져요. 로마 신화는 그리스 신화에 등장하는 신과 이름만 조금 다를 뿐 비슷해요. 신화 속 이야기는 우리가 평소에 많이 사용하는 용어는 물론 여러 분야에 사용돼요. 올림픽 때 우승자에게 월계관을 씌워 주는 것도 그리스 로마 신화에서 유래했어요.

2. 누가 썼을까?

그리스 로마 신화에 나오는 신들은 진짜 있는 신은 아니에요. <일리아드>와 <오디세이아>를 쓴 호메로스와 많은 역사가, 문학가들이 옛날부터 전해 오는 이야기를 정리한 거예요. 1855년 미국의 토머스 불핀치가 정리한 <신화의 시대>를 출간해 지금까지 널리 읽히고 있어요.

[아하! 정답] ②. 신화는 옛날부터 전해 오는 신성한 이야기로 주로 나라를 세운 인물 이야기가 많아요.

part. 4
문학·철학·말과 글

똑똑 퀴즈

`고전`

'죽느냐 사느냐 그것이 문제로다'라는 대사로 유명한 작품은?

① 오셀로　② 햄릿　③ 로미오와 줄리엣

쏙쏙 교양

1. 셰익스피어 비극

　셰익스피어의 4대 비극 중 하나인 <햄릿>은 소설 제목이 주인공의 이름이기도 해요. 덴마크 왕이 죽자 동생이 왕위에 오르고 왕비와 재혼해요. 깊은 슬픔에 빠져 있던 왕자 햄릿은 숙부(작은아버지)가 아버지를 죽인 것을 알고 복수를 맹세하지요. 하지만 생각이 많아 늘 망설이기 일쑤였어요.

2. 우유부단한 햄릿

　'죽느냐 사느냐 그것이 문제로다'는 햄릿이 복수를 앞두고 한 대사(독백)예요. 어떻게 해야 할지 갈등하는 모습에서 햄릿의 우유부단한 성격을 알 수 있어요. 어떤 일을 결정하기 힘들 때 주로 쓰는 말이지요. 또 쉽게 행동으로 옮기지 못하고 고민하는 사람을 '햄릿형 인간'이라고 해요.

[아하! 정답] ②. 햄릿과는 반대로 정의롭다고 생각되는 일에 바로 행동하는 사람을 '돈키호테형 인간'이라고 해요.

part. 4
문학·철학·말과 글

고전

허준이 쓴
의학 백과사전은?

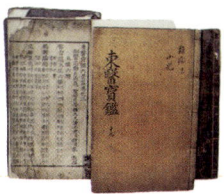

① 동의보감   ② 약학보감   ③ 의사보감

1. 명의 허준

서자로 태어난 허준은 벼슬길에 나아갈 수 없어 사람들의 병을 고치는 의원이 되었어요. 중인들이 볼 수 있는 의원 시험에 장원으로 합격한 후 실력을 인정받아 임금을 돌보는 어의가 되었지요. 임금이 허준에게 정1품 벼슬을 내렸지만 신하들이 반대해 벼슬을 받지 못했어요.

2. 의학 백과사전

허준은 선조의 뜻을 받들어 의학책을 완성했어요. 여러 의학책을 참고해 완성한 <동의보감>은 백성들이 보기 편하게 약재 이름을 한글로 표기하고, 우리나라에서도 쉽게 구할 수 있는 약재를 소개했어요. 병의 원인과 처방은 물론 예방을 강조한 세계적인 의학 백과사전이에요.

[아하! 정답] ①. <동의보감>은 2009년 유네스코 세계 기록 유산으로 지정되었어요.

part. 4
문학·철학·말과 글

똑 똑 퀴 즈

고전

안네는 왜 일기를 썼을까?

① 자신의 미래를 설계하기 위해
② 자신의 업적을 기록하기 위해
③ 자신의 마음을 털어놓기 위해

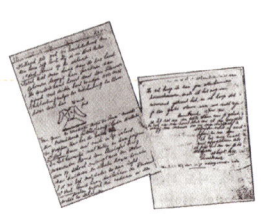

쏙 쏙 교 양

1. <안네의 일기>

제2차 세계 대전 때 히틀러가 독일에 있는 유대인을 학살하기 시작하자 유대인인 안네 가족은 네덜란드로 피난을 가 숨어 살았어요. 안네는 은신처에서 일기를 쓰며 전쟁에 대한 두려움과 부모님과의 갈등, 사춘기 소녀의 여러 감정 등을 솔직하게 털어놓았어요.

2. 안네의 이야기

안네는 생일 선물로 받은 일기장에 '키티'라는 이름을 붙이고 1942년 6월~1944년 8월까지 일기를 썼어요. 하지만 암스테르담의 은신처가 발각되면서 수용소로 끌려갔지요. 1947년에 출간된 <안네의 일기>는 전쟁이 얼마나 잔인한지 알려 주고 있어요.

126 [아하! 정답] ③. 유대인 수용소를 떠돌던 안네는 1945년 3월 독일의 베르겐 베르젠 수용소에서 죽고 말았어요.

똑똑 퀴즈

작가

'동화의 아버지'라고 불리는 작가는 누구일까?

① 조앤 롤링　② 안데르센　③ 그림 형제

1. <아이들을 위한 동화>

안데르센은 1805년 덴마크에서 가난한 구두 수선공의 아들로 태어났어요. 아버지를 일찍 여의고 힘들게 살았지요. 연극 배우를 꿈꾸었던 안데르센은 장편 소설 <즉흥시인>을 발표해 좋은 평가를 받았어요. 그리고 서른 살부터 동화를 쓰기 시작해 <아이들을 위한 동화>를 냈으며 200여 편의 동화를 남겼어요.

2. 동화의 아버지

<미운 오리 새끼> <성냥팔이 소녀> 등 수많은 작품으로 동화의 꽃을 피운 안데르센은 그 공로를 인정받아 1846년 덴마크 최고 영예인 단네브로 훈장을 받았어요. 그리고 국제 아동 도서 협의회에서는 2년에 한 번 아동 문학의 노벨상이라 불리는 '국제 안데르센 상'을 수여하고 있어요.

[아하! 정답] ②. 안데르센 이전에는 독일의 그림 형제가 민담을 수집해 <그림 동화집>을 냈어요.

part. 4
문학・철학・말과 글

똑똑 퀴즈

`작가`

<로미오와 줄리엣>의 작가는 누구일까?

① 셰익스피어   ② 생텍쥐페리   ③ 헤르만 헤세

오, 로미오!

더 알아봐요!
쏙쏙 교양

1. <로미오와 줄리엣> 이야기

원수 집안인 몬터규가의 아들 로미오와 캐풀렛가의 딸 줄리엣은 사랑에 빠져요. 두 가문에 큰 다툼이 일어나고 다른 사람과 결혼하게 된 줄리엣은 위기를 피하기 위해 약을 먹고 잠시 깊은 잠에 빠지는데, 줄리엣이 정말 죽은 줄 안 로미오는 스스로 목숨을 끊어요. 이후 깨어난 줄리엣도 로미오를 따라 세상을 떠나는 이야기예요.

2. 영국이 낳은 세계 최고의 작가

윌리엄 셰익스피어는 런던에서 극작가이자 배우로 활동했어요. 그러다 아들이 죽자 고향으로 돌아와 작품을 썼지요. 셰익스피어의 작품들은 지금까지도 세계의 많은 사람들에게 사랑을 받고 있어요. 영화와 연극으로 만들어졌으며 문학뿐만 아니라 음악과 미술에도 큰 영향을 주었어요.

[아하! 정답] ①. 셰익스피어의 작품으로는 4대 비극인 <햄릿>, <오셀로>, <리어왕>, <맥베스>를 비롯해 <한여름 밤의 꿈>, <베니스의 상인> 등이 있어요.

part. 4
문학·철학·말과 글

똑 똑 퀴 즈

`작가`

<부활>의 작가는 누구일까?

① 에드거 앨런 포   ② 톨스토이   ③ 마거릿 미첼

러시아의 작가를 찾아봐.

쏙 쏙 교 양

1. <부활> 이야기

젊은 귀족 네플류도프와 사랑에 빠진 하녀 카튜샤는 해고된 후 죄를 저질러 법정에 섰다가 배심원으로 나온 네플류도프를 만나요. 양심의 가책을 느낀 네플류도프는 카튜샤를 구하기 위해 노력하지요. <부활>은 당시 사회의 부조리를 날카롭게 비판한 작품이에요.

2. 러시아의 대부호

톨스토이는 어려서 부모님을 잃고 친척집에서 자랐어요. 군대에서 쓴 <유년 시대>라는 글을 잡지에 발표하고 제대한 후 많은 작품을 썼지요. 힘든 농민들 자녀를 위한 학교를 열기도 했어요. 귀족 출신이지만 검소하게 살며 가난한 농민과 고통받는 약자 편에 섰어요.

[아하! 정답] ②. <전쟁과 평화>, <바보 이반> 등의 문학 작품을 쓴 톨스토이는 종교에 귀의해 <참회록>, <교회와 국가> 등을 발표하기도 했어요.

part. 4
문학・철학・말과 글

똑 똑 퀴 즈

<어린 왕자>의 작가는 누구일까?

① 미하엘 엔데　② 조앤 롤링　③ 생텍쥐페리

1. <어린 왕자> 이야기

사막에 불시착한 비행사는 자신의 별을 떠나 여행 중인 어린 왕자를 만나요. 지구에서 뱀과 여우, 조종사와 친구가 된 어린 왕자는 특히 여우와 세상에 하나밖에 없는 소중한 존재가 돼요. 그리고 자신의 별에서 돌보던 장미를 떠올리고 다시 돌아간다는 이야기예요.

2. 작가 이야기

생텍쥐페리는 프랑스의 소설가이자 비행기 조종사예요. 항공 우편 조종사로 일하며 추락한 조종사를 찾는 일도 했지요. 생텍쥐페리도 사막에 불시착해 며칠 동안 헤매거나 다치기도 했어요. 자신의 경험이 바탕이 된 작품으로 큰 인기를 얻었지만 정찰 비행을 나간 후 실종됐어요.

[아하! 정답] ③. 생텍쥐페리의 작품으로는 <남방 우편기>, <야간 비행>, <인간의 대지> 등이 있어요.

똑똑 퀴즈

작가

〈논어〉는 누구의 말을 모은 책일까?

① 맹자와 친구들
② 공자와 제자들
③ 공자와 가족들

〈논어〉에는 좋은 이야기가 많아.

쏙쏙 교양

1. 〈논어〉

〈논어〉는 사서의 하나로 유교의 근본이 되는 책이에요. 공자와 그의 제자들의 말과 행동을 모으고 간추려서 일정한 순서로 편집했어요. 모두 7권 20편이며 교훈이 될 만한 말과 글귀가 담겨 있어요.

2. 공자

공자는 중국 춘추 시대 노나라 사람으로 몰락한 귀족 출신이에요. 가난했지만 15세에 학문에 뜻을 두고 공부해 30대에 훌륭한 스승으로 이름을 알렸어요. 공자는 무엇보다 '인(仁)'을 중요하게 여겨 인을 실천하면 혼란한 세상을 바로잡을 수 있다고 믿었대요.

[아하! 정답] ②. 사서(四書)는 유학의 경전인 〈논어〉, 〈맹자〉, 〈대학〉, 〈중용〉을 가리켜요.

똑똑 퀴즈

철학

'악법도 법이다'라고 말한 철학자는?

① 데카르트   ② 칸트   ③ 소크라테스

쏙쏙 교양

1. '너 자신을 알라'

그리스 델포이의 아폴론 신전 기둥에는 '너 자신을 알라'라는 말이 새겨져 있어요. 소크라테스가 즐겨 사용한 말로, 아무것도 모른다는 사실을 깨닫고 참다운 지식을 얻으라는 뜻이에요. 소크라테스는 고대 그리스의 철학자예요. 문답을 통해 스스로 무지를 깨닫게 했어요.

2. '악법도 법이다'

아테네 시민들은 소크라테스를 참스승이라며 따랐어요. 반대로 소크라테스가 젊은이를 타락시킨다며 비난하는 사람도 있었지요. 결국 소크라테스는 모함에 빠져 사형 선고를 받았어요. 제자들이 도망가라고 했지만 '악법도 법이다'라며 독배를 마시고 숨졌어요.

[아하! 정답] ③. 아테네에서 사람들에게 지식과 웅변술을 가르친 '소피스트'는 '지혜로운 자'라는 뜻이에요.

똑똑 퀴즈

[철학]

아카데미를 세워 학생을 가르친 철학자는?

① 소크라테스 ② 아르키메데스 ③ 플라톤

좋은 제자 뒤에는 좋은 스승이 있죠.

쏙쏙 교양

1. 아카데미(아카데메이아)

아카데미는 학문과 예술을 가르치는 곳을 말해요. 기원전 387년 무렵, 소크라테스의 제자인 플라톤은 여러 지역을 돌아다니며 철학을 공부하다 아테네로 돌아와 '아카데메이아'를 세우고 청년들에게 철학을 가르쳤어요. 그의 가르침과 연구는 80세가 될 때까지 계속됐어요.

2. 이데아론

플라톤은 영원히 변하지 않는 것을 '이데아'라고 생각했어요. 현실이 아닌 이데아 세계가 진짜라고 여겼으며, 이데아는 이성으로만 볼 수 있기 때문에 이성을 중요하게 생각했어요. 그리고 이데아 세계를 볼 수 있는 것은 지식을 통해서만 가능하다고 했지요.

[아하! 정답] ③. 플라톤은 이데아를 동굴에 비유해 동굴에 비친 그림자를 진짜 존재로 생각하지 말고 고개를 돌려 뒤에 서 있는 사람, 즉 진짜 세상을 보라고 했어요.

part. 4
문학·철학·말과 글

똑똑 퀴즈

[철학]

알렉산드로스 대왕의 스승이었던 철학자는?

① 아리스토텔레스　② 소크라테스　③ 에라토스테네스

> 플라톤의 제자였어.

쏙쏙 교양

1. 알렉산드로스 대왕

알렉산드로스 대왕은 유럽과 아시아, 아프리카 대륙을 정복했어요. 고대 그리스의 작은 도시 국가였던 마케도니아가 그리스의 지배자가 되었지요. 알렉산드로스 대왕은 13세 때 아리스토텔레스를 만나 문화와 학문의 중요성을 알고 원정에 나설 때 학자들을 데리고 갔다고 해요.

2. 알렉산드로스 대왕의 스승

아리스토텔레스는 플라톤의 아카데메이아에서 공부했지만 보이지 않는 이데아 세계보다 현실 세계를 중요하게 생각했어요. 삼단 논법의 형식을 확립해 논리학의 기초를 이루었지요. 아리스토텔레스가 산책하며 제자들을 가르쳤다는 데서 '소요학파'라는 이름이 생겼어요.

[아하! 정답] ①. 알렉산드로스 대왕은 정복한 곳에 자신의 이름을 딴 도시인 '알렉산드리아'를 건설했어요.

'나는 생각한다, 고로 나는 존재한다'고 말한 철학자는?

① 소크라테스　② 플라톤　③ 데카르트

1. '나는 생각한다, 고로 나는 존재한다'

프랑스의 철학자 데카르트는 같은 일이라고 해도 각자 느끼는 것이 다르니 무엇이든 의심하고 생각해서 지식을 찾아야 한다고 여겼어요. 이 세상에서 의심할 수 없는 것은 오직 내가 의심하고 있다는 사실이므로 '나는 생각한다, 고로 나는 존재한다'고 주장했어요.

2. 근대 철학의 창시자

데카르트는 어릴 때부터 몸이 약해 혼자 책을 읽거나 생각에 잠기는 때가 많았어요. 대학에서 철학을 전공한 데카르트는 모든 것을 의심하고 스스로에게 질문을 던지며 생각을 키워 나갔어요. 정확한 원인과 결과를 알며 답을 찾는 것이 근대 철학의 시작이 되었어요.

[아하! 정답] ③. 데카르트는 바둑판 무늬 천장에 앉아 있는 파리를 보고 X축과 Y축으로 이루어진 '좌표'를 생각해 냈어요.

part. 4
문학·철학·말과 글

똑똑 퀴즈

철학

'신은 죽었다'고 말한 철학자는?

① 니체　② 칸트　③ 프로이트

쏙쏙 교양 (더 알아봐요!)

1. '신은 죽었다'

'신은 죽었다'는 니체가 <짜라투스트라는 이렇게 말했다>에서 한 말이에요. 신은 인간이 창조한 허상이라고 생각해 허상인 신의 섭리에 따르기보다 스스로 인간의 한계를 뛰어넘는 초인이 되어 새로운 세계를 만들어야 한다는 뜻이에요.

2. 실존 철학의 선구자

니체는 독일의 기독교 집안에서 태어나 할아버지와 아버지를 따라 목사가 될 거라고 여겼어요. 하지만 철학에 빠진 그는 의지는 강자의 것이고 그 강자를 '초인'이라고 했어요. 니체의 이러한 주장은 훗날 실존주의에 큰 영향을 주었어요.

[아하! 정답] ①. <짜라투스트라는 이렇게 말했다>는 조로아스터교의 예언자인 조로아스터의 독일 발음으로, 니체가 짜라투스트라를 모델로 자신의 사상을 이야기한 책이에요.

part. 4
문학·철학·말과 글

똑똑 퀴즈

철학

시계처럼 규칙적이었던 것으로 유명한 철학자는?

① 공자   ② 아리스토텔레스   ③ 칸트

쏙쏙 교양
더 알아봐요!

1. 시계 같은 철학자

칸트는 하루 24시간을 어떻게 사용하느냐에 따라 성공이 좌우된다고 믿었어요. 그래서 규칙적인 생활을 했어요. 늘 같은 시간에 일어나 식사하고 강의를 했지요. 산책하는 시간도 정해져 있어 마을 사람들이 칸트를 보고 시간을 알 정도였다고 해요.

2. 비판 철학

합리주의를 따르던 철학자였던 칸트는 절대적이라고 생각한 '이성'이 그렇지 않다는 것을 깨달았어요. 그리고 직접 경험하지 않아도 지식을 얻을 수 있다고 생각했지요. 합리주의와 경험주의를 비판한 칸트는 경험으로 얻은 것을 이성을 통해 지식으로 만든다고 주장했어요.

[아하! 정답] ③. 칸트는 인간이 가진 이성으로 분석하고 판단해야 한다는 '비판 철학'을 탄생시켰어요.

5장

동물·식물·인체

part. 5

동물·식물·인체

똑 똑 퀴 즈

• 질병 •

감기와 독감은 같은 걸까?

여름 감기는 있어도 여름 독감은 없어.

① 같다 ② 다르다 ③ 계절마다 다르다

더 알아봐요!
쏙 쏙 교 양

1. 감기

감기는 면역력이 떨어지면 걸리기 때문에 계절에 상관없이 걸려요. 흔히 추운 겨울에 감기에 잘 걸린다고 생각하는데, 추위 때문이 아니라 환기를 잘 시키지 않아서 그래요. 춥다고 창문을 닫아 놓기만 하면 공기가 오염되고 호흡기 점막이 자극을 받아 바이러스 감염이 증가해요.

2. 독감

감기와 독감은 전혀 달라요. 독감은 주로 가을과 겨울에 발생하고 39℃가 넘는 고열에 근육통도 따르고 폐렴이나 천식 같은 합병증으로 목숨을 잃을 수도 있지요. 감기는 백신 개발이 불가능하지만 독감은 인플루엔자 바이러스에 의해 발병되므로 백신 접종으로 어느 정도 예방할 수 있어요.

[아하! 정답] ②. 추운 극지방은 바이러스가 살지 못해서 오히려 감기에 걸리지 않는다고 해요.

똑똑 퀴즈

• 질병

쥐벼룩이 옮기는 무서운 병의 이름은?

쥐벼룩은 크기가 2~2.5mm밖에 안 되지만 큰 병을 옮겨.

① 코로나19 ② 천연두 ③ 페스트

쏙쏙 교양

1. 쥐벼룩이 옮긴 전염병

14세기 중세 유럽에서는 무시무시한 전염병이 돌았어요. 페스트에 걸린 쥐의 피를 빨아먹은 쥐벼룩이 사람을 물면 전염되었어요. 페스트에 걸리면 몸이 검붉은색으로 변해서 목숨을 잃어요. 사망률이 높을 뿐만 아니라 전염성이 강해 당시 유럽 인구의 1/3이 목숨을 잃었을 정도예요.

2. 모기가 옮기는 질병

말라리아 병원충을 가진 얼룩날개모기(학질모기)에게 물리면 감염되는 말라리아는 주로 열대 지역에서 발생해요. 말라리아에 걸리면 열이 나고 오한이 들며 땀이 나요. 치료를 받으면 낫지만 합병증에 시달리다 목숨을 잃기도 하지요. 해마다 아프리카에서는 말라리아로 5세 미만 어린이가 100만 명 넘게 사망하고 있어요.

[아하! 정답] ③. 페스트에 걸리면 몸에 검은 반점이 나타나서 '흑사병'이라고도 불렀어요.

눈은 왜 두 개일까?

① 사물을 입체적으로 보려고
② 사람 몸은 대칭이기 때문에
③ 먼 곳에 있는 사물도 보기 위해

눈이 세 개면 어떤 모습일까?

1. 입체감과 원근감

오른쪽 눈을 감고 볼 때와 왼쪽 눈을 감고 볼 때 이미지가 달라 보여요. 그래서 초점이 맞지 않을 수도 있고 한쪽 눈보다는 두 눈으로 보면 자연스럽게 시야가 넓어져요. 이처럼 사물을 입체적으로 보고 원근감을 느끼기 위해 눈이 두 개예요.

2. 눈의 구조

사람의 눈은 홍채, 수정체, 모양체, 유리체, 망막, 시신경 등 아주 복잡한 구조로 이루어져 있어요. 각막은 빛이 가장 먼저 통과하는 막이에요. 홍채가 빛의 양을 조절하고 수정체가 물체에서 반사된 빛을 굴절시켜 눈 안쪽의 망막에 상이 맺히면 시신경을 통해 대뇌에 전해져 물체를 인식하지요.

[아하! 정답] ①. 사람의 눈은 앞을 향하고 있지만 말과 소 같은 초식 동물은 양쪽 측면에 있어 시야가 더 넓기 때문에 맹수의 접근을 빨리 알아차릴 수 있다고 해요.

● 인체 ●

오줌을 누면 왜 몸이 떨릴까?

① 몸속의 열이 빠져나갔기 때문에
② 오줌이 몸에 묻을까 봐 신경 쓰여서
③ 변기의 물소리 때문에

1. 체온과 오줌

오줌(소변)을 누고 난 후 몸이 부르르 떨렸던 적이 있을 거예요. 특히 추운 겨울에는 자주 경험하게 되는데, 그 이유는 우리 몸속의 열이 오줌으로 빠져나가기 때문이에요. 우리 몸은 빠져나간 열을 보충하기 위해 근육을 움직여요. 몸을 떠는 것은 내려간 체온을 높이기 위한 거예요.

2. 체온과 땀

사람의 체온은 36.5℃예요. 날씨가 덥거나 운동을 해서 체온이 평상시보다 높아지면 땀을 흘려요. 땀이 표면에서 증발하면서 몸의 열을 흡수해 체온이 낮아져요. 땀은 체온을 유지해 줄 뿐만 아니라 노폐물을 밖으로 내보내고 피부가 마르지 않도록 보호해 줘요.

[아하! 정답] ①. 땀은 '땀샘'이라는 작은 구멍에서 나와요.

레몬을 생각만 해도 왜 입에 침이 고일까?

① 먹고 싶어서
② 레몬 색깔 때문에
③ 신맛을 먹었던 생각이 떠올라서

'레몬'이라는 글자만 읽어도 침이 고여.

1. 조건 반사

레몬처럼 신맛이 강한 과일은 생각만 해도 입에 침이 고이는데 그 이유는 '조건 반사' 때문이에요. 레몬을 먹었던 경험이 생각만으로도 몸이 반응하게 하는 것이지요. 러시아의 생리학자 파블로프가 개를 대상으로 소화샘 생리학을 연구하다 발견한 현상이에요.

2. 침

침은 우리 몸의 침샘에서 분비되며 하루에 1~2리터가 분비된다고 해요. 침은 입안을 마르지 않게 하고, 입안의 점막을 보호할 뿐만 아니라 음식물의 성분을 녹여 맛을 느끼게 해 줘요. 또 음식물을 1차적으로 분해해 소화를 돕는 역할도 해요.

[아하! 정답] ③. 경험을 하지 않아도 태어날 때 가지고 있던 자극에 대한 반응을 '무조건 반사'라고 해요.

part. 5
동물·식물·인체

똑 똑 퀴 즈

• 인체 •

눈썹은 왜 길게 자라지 않을까?

① 눈을 가릴까 봐
② 자라는 기간이 짧아서
③ 눈을 자주 비벼서

눈썹이 머리카락처럼 자라면 어떻게 될까?

1. 털의 수명

우리 몸의 털은 수명을 다하면 더 이상 자라지 않고 빠져요. 그리고 새로운 털이 나서 자라지요. 머리카락의 수명은 3~5년이고, 눈썹이나 속눈썹은 3~5개월이에요. 따라서 눈썹이나 속눈썹은 수명이 머리카락보다 훨씬 짧기 때문에 길게 자라지 않는 거예요.

2. 눈썹과 속눈썹

눈썹은 땀이 눈으로 흐르는 것을 막아 주고, 속눈썹은 먼지나 벌레로부터 눈을 보호해요. 속눈썹은 환경에 따라 길이와 개수가 변하기도 해 대기 중에 먼지가 많으면 길게 자라요. 예를 들면, 낙타는 모래바람 부는 사막에서 눈을 보호하기 위해 속눈썹이 길고 이중으로 되어 있어요.

[아하! 정답] ②. 눈에 속눈썹이 들어갔을 때 비비면 상처가 날 수 있어요. 물로 씻어 내거나 인공 눈물로 자연스럽게 나오도록 하는 게 좋아요.

part. 5
동물·식물·인체

똑똑 퀴즈

• 인체 •

피부 색깔은 왜 서로 다를까?

① 먹는 음식이 달라서
② 자외선과 멜라닌 색소 때문에
③ 땅의 성질이 지역마다 달라서

더 알아봐요! 쏙쏙 교양

1. 멜라닌 색소

전 세계에는 많은 인종이 있어요. 인종마다 피부 색깔이 다른 이유는 멜라닌 색소 때문이에요. 멜라닌 색소는 자외선을 차단해 피부를 보호해 줘요. 아프리카처럼 자외선이 강한 지역의 사람은 멜라닌 색소가 많아 피부색이 짙고, 반대로 자외선이 옅은 지역은 피부색이 옅어요.

2. 멜라닌 색소와 눈동자 색깔

눈동자와 머리카락도 멜라닌 색소의 영향을 받아요. 멜라닌 색소가 많을수록 눈동자와 머리카락 색도 검지요. 홍채에 멜라닌 색소가 많으면 검은색에 가깝고 적으면 파란색을 띠어요. 홍채의 멜라닌 색소 농도가 달라서 두 눈동자 색깔이 서로 다른 경우도 있어요.

[아하! 정답] ②. 백인종을 제외한 흑인종과 황인종을 '유색 인종'이라고 하며, 피부색이 다르다고 차별하는 것을 '인종 차별'이라고 해요.

똑똑 퀴즈

• 인체 •

흰머리와 새치는 무엇이 다를까?

① 나는 위치가 다르다
② 나는 원인이 다르다
③ 이름만 다를 뿐 같은 것이다

1. 흰머리

할머니, 할아버지의 머리카락은 대부분 하얗게 세어 있어요. 젊을 때는 머리카락에 있는 멜라닌 색소가 매일 만들어지지만 나이가 들면 기능이 퇴화해 조금밖에 만들어지지 않아요. 그래서 흰 머리카락이 하나둘씩 생기기 시작하지요.

2. 새치

젊은 사람 머리에 드문드문 섞인 흰 머리카락을 '새치'라고 해요. 새치는 주변 머리카락과 차이가 없지만 흰머리는 가늘고 약해지면서 변한 것이라 주변의 검은 머리카락에 비해 쉽게 잘 끊겨요. 새치는 유전적인 영향도 있지만 스트레스가 심하거나 영양 상태가 좋지 않아서 생기기도 해요.

[아하! 정답] ②. 사람이 나이를 먹으면 육체적으로 점점 기능이 떨어지는 것을 '노화'라고 해요.

똑똑 퀴즈

• 인체 •

배가 고프면 왜 꼬르륵 소리가 날까?

① 위가 창자와 부딪혀서
② 위에서 공기가 빠져나가서
③ 위가 운동을 해서

쏙쏙 교양

1. 연동 운동

음식을 삼키면 식도를 통해 위로 가요. 위는 위액과 음식이 잘 섞이도록 움직이고, 어느 정도 소화가 되면 음식물을 장으로 보내요. 장으로 온 음식물은 항문 쪽으로 밀어내지요. 이렇게 음식물을 내보내기 위해 소화관에서 '연동 운동'이 연속적으로 일어나요.

2. 음식만 봐도 움직이는 위

위는 안에 음식물이 없을 때도 움직여요. 위가 운동하면서 비어 있는 자리에 공기가 움직여 꼬르륵 소리가 나지요. 배가 고플 때는 음식을 보거나 생각만 해도 자극이 대뇌로 전달돼요. 그러면 대뇌는 위에 음식물이 들어왔을 때처럼 운동을 하라고 시켜요. 꼬르륵 소리가 나면 민망하기도 하지만 위가 정상적으로 움직이는 거예요.

[아하! 정답] ③. 음식을 먹을 때 삼킨 공기가 위의 압력을 높이면 그 압력을 낮추기 위해 공기를 입으로 내보내는 것이 트림이에요.

똑똑 퀴즈

• 인체 •

하품을 하면 왜 눈물이 날까?

① 얼굴 근육이 움직여서
② 졸음이 쏟아져서
③ 눈물이 날 때랑 우연히 겹쳐서

쏙쏙 교양

1. 하품은 왜 할까?

흔히 하품은 졸릴 때 하는 것이라고 하지만 교실이나 도서관처럼 한정된 공간에 있을 때도 해요. 뇌에 부족한 산소를 공급하기 위해 크게 호흡하는 것이 하품이에요. 산소 부족은 같은 공간에 있는 사람 대부분이 느끼기 때문에 옆 사람이 하품을 하면 따라 하게 되지요.

2. 하품과 눈물

하품을 하면 얼굴 근육이 움직이면서 눈물샘을 자극해 눈물이 날 때가 있어요. 또 하품을 하면서 위아래 턱뼈 사이의 근육이 움직이면 신경에 자극을 주고, 그 신호가 뇌에 전달돼 뇌의 작용이 활발해져요. 그래서 하품을 하면 정신이 맑아지기도 해요.

[아하! 정답] ① 우리 몸에 만들어진 이산화탄소를 호흡으로 충분히 내보낼 수 없을 때 입을 크게 벌려 하품을 해요.

part. 5
동물·식물·인체

똑똑 퀴즈

• 인체 •

달리기를 하면 왜 심장이 빨리 뛸까?

① 몸이 흔들려서
② 산소와 영양분을 공급하기 위해
③ 열이 나서

빨리 달리면 숨이 차서 말도 못 하겠어.

더 알아봐요! 쏙쏙 교양

1. 심장의 역할

달리기를 하면 에너지가 많이 소모되어 우리 몸에 산소와 영양분이 필요해요. 산소와 영양분을 빨리 공급하기 위해 심장은 혈액을 빨리 순환시키지요. 우리 몸 구석구석에 혈액을 공급하는 심장은 1분에 약 60~80회 뛰고, 심장이 몇 초라도 멈추면 뇌도 활동을 멈추어요.

2. 심장 박동 소리

심장은 우심실, 우심방, 좌심실, 좌심방으로 되어 있고 심방은 피가 들어오는 곳, 심실은 피를 내보내는 곳이에요. 판막은 피가 거꾸로 흐르는 것을 막아 주는데, 심방과 심실 사이에 있는 판막과 심실과 동맥 사이에 있는 판막이 닫히고 열리면서 콩닥콩닥 소리가 나요.

[아하! 정답] ②. 심장은 하루에 9만~12만 회 정도 뛰어요.

part. 5
동물·식물·인체

• 인체 •

오줌은 어디에서 만들까?

① 방광   ② 창자   ③ 신장

만들어지는 곳과 모이는 곳은 달라.

1. 오줌을 만드는 곳

오줌(소변)은 신장에서 만들어요. 신장은 강낭콩처럼 생겨서 '콩팥'이라고도 해요. 혈액 속의 노폐물을 걸러내 오줌을 만드는 곳이지요. 신장에서 만들어진 오줌은 오줌관(요관)을 통해 방광으로 가고, 방광에 모인 오줌은 요도(오줌길)를 통해 몸 밖으로 나와요.

2. 오줌 색깔

오줌의 주성분은 물(수분)이고 우리 몸에서 필요 없는 노폐물이 섞여요. 오줌이 노란색인 이유는 '우로빌린'이라는 색소 때문이에요. 오줌 색깔로 건강 상태를 알 수도 있어요. 건강한 사람은 오줌 색깔이 옅은 노란색이지만 건강에 이상이 있으면 붉은색이거나 피가 섞여 나오기도 해요.

[아하! 정답] ③. 추울 때는 땀이 나지 않아 몸속 수분이 오줌으로 모이기 때문에 화장실에 더 자주 가게 돼요.

part. 5
동물·식물·인체

• 인체 •

우리 몸의 독소는 어디에서 분해할까?

① 간   ② 폐   ③ 위

용왕님을 위해 자라는 토끼의 이것을 구하러 갔어.

1. 인체의 화학 공장

간은 우리 몸에 있는 독소를 분해시켜 오줌이나 쓸개즙으로 내보내기도 하고, 백혈구를 도와 면역 기능도 해요. 또 영양소도 저장하고 호르몬도 조절하는 등 간이 하는 일은 500가지가 넘어요. 그래서 간을 '인체의 화학 공장'이라고 하지요.

2. 간에 붙었다, 쓸개에 붙었다 한다?

자기에게 이익이 되면 지조 없이 이편이 되었다 저편이 되었다 하는 사람에게 '간에 붙었다, 쓸개에 붙었다 한다'는 속담을 써요. 쓸개는 간 바로 밑에 붙어 있어요. 간에서 만든 쓸개즙을 일시적으로 저장하는 주머니지요. 쓸개즙은 지방의 분해와 흡수를 도와주고 창자 운동을 활발하게 해 줘요.

[아하! 정답] ①. 똥 색깔이 갈색인 이유는 쓸개즙의 색깔 때문이에요.

똑똑 퀴즈

• 인체 •

우리 몸에서 숨을 쉬게 해 주는 기관은?

① 소화 기관   ② 호흡 기관   ③ 감각 기관

들이마시고~
내쉬고.

쏙쏙 교양

1. 허파(폐)

숨을 쉴 수 있는 기관을 '호흡 기관'이라고 하며, 코와 기관지, 허파를 말해요. 허파는 심장을 중심으로 좌우에 있으며 공기주머니처럼 공기를 담을 수 있어요. 허파꽈리에서 산소와 이산화탄소를 교환하는데, 허파꽈리를 둘러싼 모세 혈관의 적혈구가 산소를 받고 이산화탄소를 내보내요.

2. 코

코는 냄새를 맡을 뿐만 아니라 중요한 호흡 기관이에요. 코털은 콧속으로 들어오는 공기를 깨끗하게 걸러 주는 필터 역할을 해요. 콧속에 이물질이 들어오거나 염증이 생기면 콧물이 청소하는 역할을 해 주지요. 콧물과 먼지가 섞여 말라붙은 것이 코딱지예요.

[아하! 정답] ②. 콧속으로 들어온 이물질을 내보내기 위해 갑자기 숨을 내뿜는 것이 재채기예요.

part. 5
동물·식물·인체

• 인체 •

우리 몸에서 평형을 유지하는 역할을 하는 곳은?

이곳의 아주 작은 기관 때문에 멀미를 하기도 해.

① 눈   ② 코   ③ 귀

1. 평형 감각

차나 배를 타면 하는 멀미는 몸이 균형을 잡지 못해서 생겨요. 우리 몸의 균형을 잡아 주는 전정기관은 귀 맨 안쪽에 있어요. 전정기관은 세반고리와 작은 주머니로 이루어져 있으며, 그 안에 액체가 들어 있어 우리 몸의 기울기를 뇌에 전달해요.

2. 소리와 균형

소리가 공기를 통해 귀에 도달하면 고막과 귓속뼈를 진동시켜 달팽이관에 이르러요. 그러면 달팽이관 속의 림프액이 진동하면서 청세포를 자극한 신호가 뇌에 전해져 소리를 듣는 것이지요. 달팽이관은 소리를 듣는 청각뿐만 아니라 몸의 평형 감각을 담당하기도 해요.

[아하! 정답] ③. 사람의 청각 세포가 느낄 수 있는 소리의 진동 영역 밖의 소리를 '초음파'라고 하며 사람이 들을 수 없어요.

여자는 왜 생리를 할까?

① 난소에서 난자를 내보내기 때문에
② 몸이 약해서
③ 신경에 자극을 받아서

여자는 사춘기가 되면 생리를 시작해.

1. 여성의 생식 기관

여성의 생식 기관에는 자궁과 질 그리고 난자를 만드는 난소와 난자를 자궁으로 보내는 나팔관이 있어요. 난소에서는 난자를 배출하는데, 난자가 정자와 만나 수정되면 자궁벽에 붙어 태아가 돼요. 그리고 임신이 되지 않으면 호르몬 분비가 감소해 자궁 내막(속막)이 벗겨지면서 질을 통해 출혈이 되는 현상이 '생리'예요.

2. 남성의 생식 기관

남성의 생식 기관에는 정자를 생산하는 정소와 정자를 운반하는 수정관 그리고 정낭, 전립선, 고환, 음경이 있어요. 사춘기가 되면 정소에서 남성 호르몬이 왕성하게 분비되면서 수염이 나고 변성기가 오는 등 남자로서의 특징이 나타나요.

[아하! 정답] ① 남성 호르몬인 테스토스테론이 분비되면 남자로서의 특징이 나타나고, 여성 호르몬인 에스트로겐이 분비되면 여자로서의 특징이 나타나고 생리를 시작해요.

part. 5
동물 · 식물 · 인체

똑똑 퀴즈

• 동물 •
공룡은 왜 사라졌을까?

① 거대한 천적 때문에
② 지구 환경이 갑자기 바뀌어서
③ 서로 공격해서

더 알아봐요! 쏙쏙 교양

1. 공룡

공룡은 약 2억 2,500만~6,500만 년 전인 중생대 때 지구의 주인 노릇을 한 파충류예요. 80cm~30m 이상까지 크기와 생김새가 다양했지요. 사람은 어느 정도 자라면 더 이상 크지 않지만, 공룡은 계속 자라서 아주 컸어요. 대형 초식 공룡으로 브라키오사우루스와 브론토사우루스가 있어요.

2. 공룡의 멸종

공룡이 지구에서 사라진 이유 중 하나가 '운석 충돌설'이에요. 지구에 엄청난 운석이 떨어지면서 발생한 먼지가 하늘을 뒤덮으면서 햇빛을 차단해 지구의 온도가 낮아졌을 수 있어요. 그러면서 식물이 잘 자라지 않자 먹이가 부족해 멸종했을 수도 있어요.

[아하! 정답] ②. 우리나라에서도 공룡 발자국과 화석이 많이 발견되었는데, 거대한 공룡인 울트라사우루스 화석과 사나운 육식 공룡의 이빨 화석이 발견되기도 했어요.

펭귄은 왜 뒤뚱뒤뚱 걸을까?

① 다리가 짧아서
② 몸 생김새 때문에
③ 미끄러지지 않으려고

내가 걷는 모습이 귀엽다고?

1. 동상

심한 추위 때문에 살갗이 얼어서 조직이 상하는 것을 '동상'이라고 해요. 남극에 사는 펭귄은 늘 얼음 위에 있지만 발 표면 가까이 있는 동맥 주위가 정맥으로 꽁꽁 싸여 있어 추워도 피가 계속 돌아요. 그리고 짧고 촘촘한 깃털이 열이 빠져나가는 것을 막아 줘요.

2. 펭귄의 걸음걸이

펭귄은 얼굴은 작고 뱃살이 많아서 무게 중심이 낮아요. 남극의 얼음 위에서 미끄러지지 않으려면 마찰력을 높여야 하지요. 그래서 몸을 살짝 기울여 무게 중심을 앞에 두고 종종걸음으로 걸으면 잘 넘어지지 않는다고 해요. 빨리 움직여야 할 때는 엎드려서 미끄러지며 이동한답니다.

[아하! 정답] ③. 펭귄은 다리뼈가 90도 가까이 접혀 있어서 다리를 펴면 몸길이의 1/2 정도 된다고 해요.

part. 5
동물·식물·인체

• 동물 •

토끼의 눈은 왜 빨간색일까?

① 눈을 비벼서
② 잠을 못 자서
③ 눈(망막)의 혈관이 비쳐서

사람도 토끼 눈처럼 될 때가 있어.

1. 토끼 눈

모든 토끼의 눈이 빨간색은 아니에요. 털이 하얀 토끼의 눈이 빨간 경우가 많아요. 하얀색 집토끼는 '알비노'가 많은데 알비노는 멜라닌 색소가 결핍된 백색증 개체를 말해요. 멜라닌 색소가 없기 때문에 망막의 혈관이 비쳐 눈이 붉은색을 띠지요. 그래서 토끼 눈이 빨갛게 보이는 거예요.

2. 토끼 귀

토끼는 소리를 아주 잘 듣는 동물이에요. 긴 귀로 소리를 모아서 전달하기 때문에 청력이 아주 좋아요. 또한 긴 귀는 체온을 조절하는 데 도움이 돼요. 토끼는 체온 조절이 잘 안 되는 동물이지만, 더울 때 귓바퀴를 통해 열을 배출해 체온을 조절해요.

[아하! 정답] ③. 토끼는 앞다리에 비해 뒷다리가 길고 강해서 빨리 뛸 수 있어요.

카멜레온처럼 몸 색깔을 주위와 비슷하게 만드는 색은?

① 보호색　② 경계색　③ 공격색

1. 카멜레온

카멜레온은 파충류로 도마뱀과 비슷해요. 동작은 느리지만 긴 혀로 먹이를 잡아먹을 때는 재빨라요. 그리고 긴 꼬리는 나뭇가지에 걸고 매달릴 정도로 튼튼하지요. 특히 카멜레온은 온도나 빛에 따라 몸 색깔을 바꾸어요. 때로는 한 부분만 색깔이 변하기도 해요.

2. 보호색

위험이 닥치면 몸 색깔을 주위 환경과 비슷하게 바꾸어 보호하는 것을 '보호색'이라고 해요. 메뚜기나 방아깨비는 풀밭에 살기 때문에 주로 연두색이고, 나무에 붙어사는 매미는 나무껍질과 색깔이 비슷해요. 그리고 개구리는 사는 곳에 따라 연두색이나 돌과 비슷한 보호색을 띠지요.

[아하! 정답] ①. 보호색과 반대로 화려한 색깔로 자신이 위험한 동물이라고 알리는 것을 '경계색'이라고 해요.

part. 5
동물 · 식물 · 인체

똑똑 퀴즈

• 동물 •

고래는 왜 물을 뿜을까?

① 기분이 좋아서
② 눈물이 날 정도로 슬퍼서
③ 숨을 쉬기 위해

고래가 분수를 내뿜는 것 같아.

더 알아봐요! 쏙쏙 교양

1. 고래는 포유류?

고래는 바다에 살지만 어류가 아닌 포유류예요. 새끼를 낳고 허파로 숨을 쉬지요. 먼 옛날 고래는 다리도 있고 몸집도 크지 않았대요. 그런데 덩치가 점점 커지고 다른 포유류에 비해 갈비뼈의 연결이 약해 육지에서는 무거운 몸을 지탱할 수 없었어요. 그래서 물속에서 살게 되었다고 해요.

2. 고래가 숨 쉬는 방법

포유류인 고래는 물속에서는 숨을 쉴 수 없어요. 바닷속에서 먹이를 잡아먹다 가끔 물 위로 떠오를 때 머리 주위에 있는 구멍으로 물을 내뿜으며 숨을 쉬어요. 종류에 따라 혀가 대롱 모양인 것도 있어 물속에서도 새끼 고래가 어미 젖을 흘리지 않고 먹을 수 있대요.

[아하! 정답] ③. 돌고래는 다른 동물과 달리 영리해서 사람의 말을 알아들을 수 있고, 특이한 소리를 내서 자기들끼리 대화를 한다고 해요.

물고기는 왜 눈을 깜빡이지 않을까?

① 깜빡이는 것을 잊어버려서
② 눈꺼풀이 없어서
③ 적으로부터 보호하기 위해

물고기는 잘 때도 눈을 뜨고 잔대.

1. 물고기의 눈

사람은 눈이 건조해지는 것을 막기 위해 눈꺼풀을 자주 움직여요. 하지만 물고기는 물속에 살아서 눈이 건조해지지 않아 눈꺼풀이 필요 없어요. 눈꺼풀이 없어서 눈을 뜨고 잠을 자는데, 대체로 가만히 있을 때가 잠을 자는 상태예요.

2. 물속에서 숨 쉬는 법

생물은 산소를 들이마시고 이산화탄소를 내뿜는 호흡을 해요. 물고기는 물을 빨아들여 아가미 안쪽에 있는 주름에서 물속 산소를 흡수하고 이산화탄소를 내보내요. 바닷물의 염분을 아가미로 걸러내기 때문에 바닷물에서도 살 수 있는 거예요.

[아하! 정답] ②. 물고기는 겉보기에 귀가 없는 것 같지만 우리 눈에 잘 보이지 않는 뇌 가까이 귀가 있고, 옆줄이나 부레 등으로도 소리를 들을 수 있어요.

물고기 몸은 왜 미끈미끈할까?

① 몸에 이끼가 생겨서
② 헤엄치느라 땀이 나서
③ 물에서 빨리 헤엄치려고

미꾸라지는 몸이 미끄러워서 미꾸라지래.

1. 물고기 몸이 미끄러운 이유

물고기를 손으로 잡으면 미끄러워서 쏙 빠져나가요. 비늘이나 미끈거리는 성질의 끈적끈적한 점액이 물고기 몸을 감싸고 있기 때문이지요. 몸이 미끈거리면 빨리 헤엄칠 수 있고, 산호나 돌 틈에 들어갔을 때 상처를 입지 않게 해 줘요. 또 세균과 기생충 등이 침투하는 것을 막아 줘요.

2. 헤엄을 잘 치는 방법

물고기는 몸통 앞뒤가 뾰족한 유선형이 많아요. 유선형은 물체에 작용하는 저항을 덜 받아서 움직일 때 에너지가 적게 소모되지요. 그래서 비행기나 기차 그리고 배가 물에 닿는 부분 등을 유선형으로 디자인하기도 해요.

[아하! 정답] ③. 대부분의 물고기는 비늘로 덮여 있는데 비늘이 없는 어류는 점액질이 비늘 역할을 해요.

part. 5
동물·식물·인체

똑똑 퀴즈

• 식물 •

가을이 되면 왜 단풍이 들까?

① 여름 햇볕에 익어서
② 열매를 맺기 위해서
③ 엽록소 양이 줄어들어서

 가을 하면 단풍이지.

쏙쏙 교양

1. 단풍

나뭇잎이 초록색인 이유는 엽록소라는 색소 때문이에요. 그런데 가을이 되어 기온이 떨어지면 나뭇잎이 엽록소를 만들지 않아요. 잎에 남은 엽록소들이 파괴되면서 잎 속의 색소가 나타나는 것이 단풍이에요. 안토시아닌은 빨간색, 페놀류는 갈색, 카로티노이드는 노란색으로 만들어요.

2. 낙엽

나뭇잎은 속에 있는 물기(수분)를 밖으로 내보내요. 그런데 가을이 되어 기온이 내려가고 공기가 건조해지면 나뭇잎에서 빠져나가는 수분의 양보다 뿌리에서 빨아들이는 양이 적어요. 그러면 식물 몸속의 수분이 부족해지기 때문에 잎을 떨어뜨려 양을 조절해요.

[아하! 정답] ③. 소나무 같은 침엽수는 안토시아닌을 생성하지 않기 때문에 단풍이 들지 않아요.

part. 5
동물·식물·인체

· 식물 ·

선인장은 어느 부분이 잎일까?

① 가시   ② 몸통   ③ 잎이 없다

쏙쏙 교양

1. 선인장

사막에서 사는 식물은 몸에 수분을 많이 저장해야 해요. 그래서 최대한 수분이 밖으로 빠져나가지 않도록 하지요. 선인장은 메마른 땅에서도 자랄 수 있도록 잎이 가시 모양이에요. 바늘처럼 뾰족하면 수분도 적게 빠져나가고 동물들에게 뜯기는 것도 막을 수 있어요. 선인장의 넓적한 부분은 줄기예요.

2. 물을 저장하는 식물

아프리카 바오밥나무는 건조한 기후에서 물을 많이 저장할 수 있도록 줄기가 뚱뚱해요. 빗물을 저장했다가 건조할 때 사용해요. 그리고 활동을 최대한 줄여 천천히, 오래 자라기도 하는데 수명이 5,000년이나 돼요. 물을 얻기 위해 뿌리가 키의 2배 넘게 자라서 오랫동안 살 수 있대요.

[아하! 정답] ①. 선인장의 세로 주름은 비가 와서 물을 저장하면 활짝 펴져요.

맹그로브는 어떻게 번식할까?

① 씨앗을 떨어뜨려 퍼뜨린다
② 넝쿨처럼 뿌리를 뻗어 나간다
③ 가지 끝에 생긴 새끼 나무를 떨어뜨린다

1. 맹그로브의 신비

열대와 아열대에서 자라는 맹그로브는 뿌리가 갯벌이나 바닷물에 잠겨 있고, 공기 중에 나와 있는 일부분의 뿌리가 광합성으로 영양분을 얻어요. 나뭇가지의 가장자리에 싹을 틔워 새끼 나무를 만들고, 새끼 나무가 어느 정도 자라면 떨어뜨리지요. 이는 씨앗을 떨어뜨리면 물에 휩쓸려 가기 쉽기 때문이에요.

2. 맹그로브와 짱뚱어

복잡하게 얽힌 맹그로브 뿌리 주위에는 많은 생물이 살아요. 특히 짱뚱어는 물 밖에서도 호흡할 수 있어 적이 나타나면 맹그로브 뿌리를 타고 나무 위로 올라가요. 또 맹그로브 뿌리 주변에 구멍을 파고 알을 낳는데, 이 구멍 덕분에 맹그로브는 산소를 마실 수 있어요.

[아하! 정답] ③. 맹그로브와 짱뚱어처럼 서로에게 이익을 주며 함께 사는 것을 '공생'이라고 해요.

part. 5
동물·식물·인체

똑똑 퀴즈

• 식물 •

끈끈이주걱은 영양분을 어떻게 얻을까?

① 곤충을 잡아먹어서
② 곤충이 가져다주는 열매에서
③ 새똥에서

1. 끈끈이주걱

끈끈이주걱은 잎에 수백 개의 털이 나 있어요. 그리고 이슬처럼 끈끈한 액체가 있지요. 작은 곤충들은 이 액체를 꿀로 착각해 날아와 앉는데 이때 털이 오그라들면서 곤충을 감싸요. 식물은 햇빛을 받고 물을 마시며 살지만 끈끈이주걱은 곤충을 잡아 영양분을 빨아들여요.

2. 식충 식물

파리지옥은 잎 가장자리에 있는 가시 같은 털의 냄새로 곤충을 유인해요. 곤충이 잎의 털을 건드리면 순식간에 닫아 버려요. 항아리 모양의 네펜데스는 뚜껑은 미끄럽고 통에는 꿀이 들어 있어요. 꿀 향기를 맡고 날아온 곤충이 빠지면 녹여 식물의 먹이로 삼지요.

[아하! 정답] ①. 곤충을 잡아먹는 식충 식물은 광합성을 해서 영양분을 얻을 수도 있지만 벌레를 먹으면 더 건강하게 자랄 수 있어요.

똑똑 퀴즈

• 곤충 •
체체파리에 물리면 어떻게 될까?

① 물린 부위가 파랗게 변한다
② 빨갛게 부어오른다
③ 잠이 든다

쏙쏙 교양

1. 체체파리

사람이나 짐승의 피를 빠는 체체파리는 '소를 죽이는 파리'라는 뜻이에요. 체체파리에 물리면 파리 주둥이에 있던 파동편모충이 사람 몸속에 들어와 병을 일으킬 수 있어요. 열과 심한 두통이 나다가 깊은 잠에 빠져들지요. 제때에 치료하지 않으면 뇌수막염으로 목숨을 잃을 수도 있어요.

2. 파리

파리는 똥이나 음식물 찌꺼기를 좋아해요. 가느다란 털이 많은 파리 다리에는 이물질이 잘 묻어 세균을 옮기기 쉬워요. 파리는 입보다 다리로 맛과 냄새를 더 많이 느껴요. 파리가 두 발을 비비는 것은 냄새를 잘 맡으려고 다리에 묻은 것을 털어내는 거예요.

[아하! 정답] ③. 줄무늬 옷을 입으면 체체파리에 물리지 않는다고 해요.

part. 5
동물 · 식물 · 인체

똑 똑 퀴 즈

• 곤충 •
벌집은 왜 육각형일까?

① 튼튼하고 넓게 지을 수 있어서
② 모양이 예뻐서
③ 꿀의 모양이 육각형이라

더 알아봐요!
쏙 쏙 교양

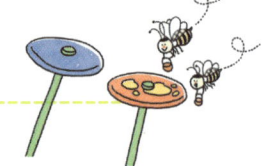

1. 가장 완벽한 도형

벌은 여왕벌을 중심으로 무리를 지어 살아요. 수많은 벌들이 꿀도 저장하고 알도 키우려면 방이 많아야 하지요. 여러 개의 방을 빈틈없이 튼튼하게 만들려면 육각형으로 짓는 것이 가장 좋아요. 사각형으로 지으면 무너지기 쉽고, 삼각형은 육각형과 비슷하지만 재료가 많이 들거든요.

2. 생활 속의 도형

우리 주변에는 도형의 특성을 이용한 구조물이 많아요. 삼각형은 세 변에 무게를 나눌 수 있고 쉽게 변형되지 않아 탑이나 철제 구조물에 많이 활용돼요. 맨홀 뚜껑이 원형인 이유는 원은 어떤 방향으로 내려놓아도 뚜껑이 구멍 속으로 빠지지 않기 때문이에요.

[아하! 정답] ①. 여왕벌은 꿀벌 중에 알을 낳는 암컷 벌로 벌집 한 무리에 한 마리만 있어요.

part. 5
동물·식물·인체

똑똑 퀴즈

• 곤충 •
반딧불이는 어떻게 빛을 내는 걸까?

① 날갯짓을 해서
② 방귀를 뀌어서
③ 꽁무니에 빛을 내는 물질이 있어서

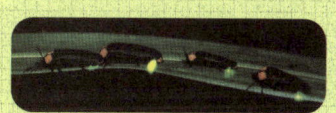

쏙쏙 교양
더 알아봐요!

1. 반딧불이가 빛을 내는 이유

반딧불이는 개똥벌레라고 불리며 크기가 1.2~1.8cm 정도예요. 아주 작은 곤충으로 밤에는 꽁무니에서 환한 빛을 내요. 반딧불이 꽁무니에 있는 발광 세포에서 나오는 루시페린이라는 물질 때문이에요. 반딧불이가 빛을 내는 것은 수컷과 암컷이 자신의 존재를 알리기 위해서예요.

2. 빛을 내는 생물

바다 깊은 곳에 사는 아귀는 위쪽의 길게 늘어뜨린 촉수에서 빛을 내요. 반딧불이는 짝짓기를 위해 빛을 내지만 아귀는 먹이를 먹기 위해서 빛을 내요. 어두운 바닷속에서 빛을 보면 물고기들이 접근하거든요. 또한 암초 같은 방해물을 피할 때 촉수의 불빛을 사용해요.

[아하! 정답] ③. 반딧불이는 암컷도 빛을 내기는 하지만 수컷만큼 강하지 않아요.

6장

불가사의·인물·스포츠

part. 6
불가사의 · 인물 · 스포츠

똑 똑 퀴 즈

불가사의

이집트 기자의 대피라미드는 누구의 무덤일까?

① 람세스왕   ② 쿠푸왕   ③ 알렉산드로스왕

쏙 쏙 교 양

1. 세계 7대 불가사의

피라미드는 깨로 만든 사각뿔 모양의 과자를 일컫는 그리스어 '피라미스(Pyramis)'에서 따온 말이에요. 이집트의 수도 카이로에서 13km 떨어진 기자에 쿠푸왕, 카프레왕, 멘카우레왕의 피라미드 3개가 있어요. 그중에서 쿠푸왕의 피라미드가 가장 크며 세계 7대 불가사의로 꼽혀요.

2. 피라미드의 신비

피라미드 안 돌관에는 보석을 휘감고 황금 가면을 쓴 쿠푸왕의 미라가 누워 있어요. 고대 사람들은 사람이 죽으면 또 다른 세계가 시작된다고 믿어 무덤에 다음 생애에 쓸 수 있는 물건과 보물을 넣었어요. 보물을 도둑맞지 않기 위해 무덤으로 들어가는 길은 미로로 만들었지요.

[아하! 정답] ②. 피라미드와 함께 유명한 스핑크스는 사람 머리에 사자 몸을 하고 있어요.

만리장성의 길이는 얼마나 될까?

① 만 리보다 길다 ② 길이를 알 수 없다 ③ 만 리보다 조금 짧다

1. 만리장성

길이가 만 리나 돼서 '만리장성'이라고 하지만 실제 길이는 약 6,000km예요. 만 리보다 훨씬 길지요. 춘추 시대에 제나라가 쌓기 시작해 전국 시대에는 여러 나라가 쌓았어요. 기원전 221년 진시황제가 흉노족의 침입에 대비해 더 길게 쌓아 오늘날의 만리장성이 되었어요.

2. 진시황제

진시황제는 기원전 221년에 중국을 통일하고 스스로 황제에 올랐어요. 중앙 집권 체제를 굳게 하고 화폐와 도량형을 통일했지요. 세계 문화유산인 시황제릉은 개인의 무덤으로는 세계에서 가장 커요. 근처 병마용갱에는 흙으로 구워 만든 8,000명의 병사와 말 등의 부장품이 전시돼 있어요.

[아하! 정답] ①. 10리는 4km로 1만 리는 4,000km예요.

'마추픽추'는 무슨 뜻일까?

① 산 속 왕국 ② 나이 든 봉우리 ③ 계단의 나라

먼 옛날 잉카인들이 세운 거야.

1. 마추픽추

'나이 든 봉우리'라는 뜻의 마추픽추는 페루 남부에 있는 고대 잉카 유적지예요. 해발 약 2,400m에 있으며 산 밑에서는 볼 수 없어 '공중 도시'로 불려요. 1911년에 발견될 때까지 수풀에 묻힌 채 오랫동안 그 존재를 몰랐기 때문에 '잃어버린 도시'라고도 해요.

2. 잉카 문명

돌을 다루는 솜씨가 뛰어났던 잉카인들은 20톤이나 되는 돌을 수십 km 떨어진 산 위로 가져와 신전과 집을 지었어요. 15~16세기 초까지 남아메리카의 중앙 안데스 지방을 지배하던 고대 왕국이었으나 1530년 에스파냐(스페인)의 침입으로 멸망하고 말았어요.

[아하! 정답] ②. 마추픽추 꼭대기의 석조물 '인티파타나'는 신에게 의식을 치르던 제단이라고도 하고 해시계라고도 해요.

part. 6
불가사의·인물·스포츠

똑 똑 퀴 즈

불가사의

타지마할은
누구를 위해 지었을까?

① 신   ② 부모님   ③ 죽은 아내

사랑하는 사람을 위한 궁전 무덤이야.

쏙 쏙 교 양
더 알아봐요!

1. 인도의 대표 건축물

약 400년 전, 인도 무굴 제국의 황제 샤자한의 왕비 뭄타즈 마할이 아기를 낳다가 세상을 떠났어요. 샤자한은 아내의 관을 보관할 무덤을 짓기로 했지요. 하얀 대리석과 보석으로 20여 년 만에 완성한 궁전 같은 무덤은 왕비의 이름을 따서 '타지마할(마할의 왕관)'이라고 지었어요.

2. 타지마할과 샤자한 황제

둥근 지붕과 네 귀퉁이에 높은 탑이 있는 타지마할은 동서남북 어느 방향에서 보아도 완벽한 대칭을 이루는 건축물이에요. 하지만 타지마할을 짓느라 나라 살림이 어려워지고 백성들의 원망도 높아져 샤자한 황제는 결국 감옥에 갇혔다고 해요.

[아하! 정답] ③. 샤자한 황제는 다시는 타지마할과 같은 건축물을 짓지 못하도록 건축가와 예술가들의 손가락을 잘랐다고 전해져요.

part. 6
불가사의 · 인물 · 스포츠

똑똑 퀴즈

불가사의
로마 원형 경기장은 무엇으로 쓰였을까?

① 콘서트장   ② 투기장   ③ 야시장

쏙쏙 교양

1. 콜로세움

이탈리아 로마에 있는 콜로세움은 거대한 타원형으로 둘레가 500m가 넘고 외벽 높이가 50m 가까이 돼요. 전체 4층 건물로 5만 명이 입장할 수 있으며 각 층마다 다른 양식으로 지어졌어요. 거대한 바위 축대에 지어졌는데, 이 축대는 지진으로 인한 흔들림을 흡수하도록 설계되었다고 해요.

2. 많은 사람들이 목숨을 잃은 콜로세움

콜로세움은 맹수와 검투사 또는 검투사나 맹수끼리 싸우는 고대의 원형 투기장이었어요. 대결에서 검투사의 운명은 관중이나 황제가 결정했어요. 특히 로마에 잡혀 온 포로들은 시장에서 노예로 팔려 나가거나 콜로세움에서 싸웠어요. 티투스 황제는 무려 100일 동안 싸움을 벌이도록 했다고 해요.

[아하! 정답] ②. 콜로세움은 근처에 있는 네로 황제의 동상 '콜로소'에서 유래했으며 콜로소는 '거대하다'는 뜻의 라틴어 '콜로수스'에서 유래했어요.

part. 6
불가사의 · 인물 · 스포츠

똑똑 퀴즈

[불가사의]

'스톤헨지'는 무슨 뜻일까?

① 외계인이 가져온 운석
② 강철 같은 돌
③ 공중에 걸쳐 있는 돌

저 큰 돌을 어떻게 옮겼을까?

더 알아봐요! 쏙쏙 교양

1. 스톤헨지

영국 남부 솔즈베리 평야에 있는 스톤헨지는 거대한 돌 구조물이에요. '공중에 걸쳐 있는 돌'이라는 뜻으로 약 3,800년 전인 기원전에 만든 것으로 추정해요. 스톤헨지는 바깥에는 도랑을 파 만든 둑이 있고 그 안쪽에 기둥 모양의 돌이 둥그렇게 줄지어 있어요.

2. 어디서 옮긴 돌일까?

스톤헨지 가운데에 있는 50톤이나 되는 돌은 약 385km 떨어진 프레셀리산에서 옮겨 왔다고 해요. 바다와 험한 길을 어떻게 옮겨 왔는지, 도구도 없을 당시 큰 돌을 어떻게 깎아서 높은 곳에 올렸는지 그저 신기할 따름이에요. 외계인이 세웠다는 이야기도 있어요.

[아하! 정답] ③. 스톤헨지는 여러 단계를 거쳐 약 1,000년 동안 만들어진 것이라고 해요.

part. 6
불가사의 · 인물 · 스포츠

똑 똑 퀴 즈

불가사의

나스카 지상화는 누가 그렸을까?

① 알 수 없다 ② 원시인 ③ 고대 미술가

쏙 쏙 교 양

1. 신비한 그림

1939년, 우연히 비행기를 타고 페루를 방문한 역사학자가 하늘에서 발견한 것이 나스카 지상화예요. 총면적 450km² 평원에 벌새, 거미, 고래, 원숭이, 개, 나무, 우주인 등 30개 이상의 선 그림과 기하학적 무늬 200개가 그려져 있었어요. 그림 크기도 100~300m 정도로 아주 커요.

2. 누가 그렸을까?

나스카 평원의 표면은 철분이 함유된 검은 돌이고 아래쪽은 흰색 석회질로 되어 있어요. 그래서 30cm쯤 파면 흰색 흙이 드러나는 것을 이용해 막대기로 그림을 완성했어요. 비가 잘 내리지 않는 건조한 지역이라 그림이 쉽사리 사라지지 않아요. 누가, 언제, 왜 그렸는지는 알 수 없어요.

[아하! 정답] ①. 나스카 문명은 기원전 100년~서기 800년 남아메리카 페루 지역에서 번영한 문명이에요.

이스터섬에 있는 거대한 석상의 정체는?

① 가루다상　② 해태상　③ 모아이

1. 섬을 지키는 석상

이스터섬은 남태평양 폴리네시아 동쪽 끝에 있는 작은 화산섬이에요. 이 섬에 '모아이'라는 거대한 석상들이 있어요. 다리는 없고 몸통과 머리만 있는데, 머리는 크고 턱은 앞으로 뻗어 있고 귀가 아주 길어요. 3.5~5.5m 높이에 대부분 20톤 정도이며 가장 무거운 것은 90톤에 키가 10m나 돼요.

2. 롱고롱고 문자

모아이는 서기 400~1680년 사이에 만들어졌으며 누가, 어떻게 만들었는지는 알 수 없어요. 1722년 이 섬을 발견했을 당시 사람들은 석기 시대 수준의 생활을 하고 있었다고 해요. 이스터섬에서만 사용한 것으로 추정되는 롱고롱고 문자를 해석할 수 없어 비밀로 남아 있어요.

[아하! 정답] ③. 롱고롱고 문자를 해석할 수 있는 사람들은 모두 노예로 팔려 가고 롱고롱고 목판도 땔감으로 쓰는 바람에 이스터섬의 역사나 석상에 대해 알 수가 없어요.

part. 6
불가사의 · 인물 · 스포츠

똑 똑 퀴 즈

인물

<모나리자>를 그린 화가는 누구일까?

① 피카소　② 미켈란젤로　③ 레오나르도 다빈치

쏙 쏙 교 양

1. <모나리자>는 어떤 그림일까?

　세계에서 가장 유명한 그림으로 꼽히는 <모나리자>는 레오나르도 다빈치가 4년에 걸쳐 그린 작품이에요. 그림 속 여인은 눈썹이 없고 신비로운 미소를 짓고 있는 것으로 유명하지요. <모나리자>에서 '모나'는 결혼한 여자를 뜻하며 '리자'는 사람 이름이에요. 현재 프랑스 루브르 박물관에 소장되어 있어요.

2. 화가일까, 과학자일까?

　레오나르도 다빈치는 미술가이면서 과학자이자 사상가예요. 특히 인체에 관한 연구를 많이 해서 사람 몸의 비율을 그린 '인체 비례도' 외에 뼈의 구조와 근육, 피부에 관한 그림을 많이 남겼어요. 상상력이 뛰어나 헬리콥터와 탱크 등 여러 가지 발명품을 설계하기도 했어요.

[아하! 정답] ③. 레오나르도 다빈치는 원근법을 비롯해 신체의 해부학적 구조와 수학적 비율 등을 정확하게 계산해서 그림을 그렸어요.

베토벤은 어떤 병을 앓았을까?

① 위장병   ② 귓병   ③ 눈병

1. 베토벤은 어떤 사람일까?

베토벤은 독일의 작곡가로 음악가인 아버지에게 네 살 때부터 교육을 받았어요. 모차르트의 스승이기도 한 하이든에게 배우며 뛰어난 재능도 인정받았지요. 하지만 30대에 귓병을 앓아 듣지 못하게 되자 연주보다 작곡 활동을 많이 했어요. <운명>, <영웅>, <합창> 등을 작곡했으며 '음악의 성인'이라 불려요.

2. 어떻게 작곡했을까?

음악가에게 귓병은 특히 무서운 병이에요. 베토벤은 귓병을 앓아 잘 들리지 않자 작곡을 할 때 막대기를 입에 물고서 피아노 울림판에 갖다 대 진동을 느끼며 작업을 했어요. <운명> 교향곡을 들은 사람들은 베토벤에게 아낌없는 박수를 보냈지만 베토벤은 그 소리를 듣지 못했다고 해요.

[아하! 정답] ②. 베토벤은 나폴레옹을 존경해 <나폴레옹>이라는 제목의 교향곡을 썼지만 나폴레옹이 스스로 황제에 올랐다는 소식에 실망해 제목을 <영웅>으로 바꾸었다고 해요.

갈릴레이는 왜 종교 재판을 받았을까?

① 성경에 어긋나는 주장을 해서
② 교회에 잘 나오지 않아서
③ 다른 종교를 믿어서

당시에는 교회가 절대적인 힘을 가지고 있었어.

1. 갈릴레이는 누구일까?

갈릴레이는 1564년 이탈리아의 피사에서 태어났어요. 천문학자이자 물리학자, 수학자이지요. 어느 날 성당 천장에 걸려 있는 램프가 흔들리는 것을 보고 '진자의 등시성'을 발견했으며 망원경을 만들어 달과 목성을 관찰하기도 했어요. 갈릴레이는 하늘을 관찰하면서 코페르니쿠스가 주장한 지동설을 믿었어요.

2. 천동설과 지동설

당시만 해도 우주의 중심은 지구이고 모든 천체가 지구 둘레를 돈다는 '천동설'을 믿었어요. 그런데 갈릴레이가 지구가 태양 주위를 돈다는 '지동설'을 주장하자 종교 재판이 열렸어요. 지동설은 성경을 거스르는 생각이었기 때문이지요. 갈릴레이는 심문 끝에 자신의 생각이 잘못되었다고 서약하고 풀려났어요.

[아하! 정답] ①. '진자의 등시성'은 진동의 폭과 상관없이 한 번 왕복하는 운동의 주기는 일정하고, 진자를 매단 줄이 길수록 진자가 왕복하는 시간이 길어지는 것을 말해요.

part. 6
불가사의 · 인물 · 스포츠

똑 똑 퀴 즈

인물

노벨은 왜 노벨상을 만들었을까?

① 훌륭한 사람들이 많아서
② 만들어 달라는 부탁을 받아서
③ 자신이 만든 발명품 때문에

더 알아봐요! 쏙 쏙 교양

1. 노벨은 누구일까?

스웨덴의 화학자 노벨은 다이너마이트를 발명해 광산이나 철도 공사 등에서 많은 돈을 벌었어요. 하지만 노벨의 뜻과는 달리 다이너마이트가 전쟁에 사용되면서 많은 사람들이 목숨을 잃었지요. 이에 충격을 받은 노벨은 세상을 떠나면서 자신의 재산을 인류를 위해 노력한 사람을 위해 써 달라고 했어요.

2. 노벨상

노벨의 유언대로 스웨덴 왕립 과학 아카데미에서는 노벨 재단을 설립하고 1901년부터 해마다 노벨상을 주고 있어요. 물리학, 화학, 생리·의학, 문학, 평화 그리고 경제학 모두 6개 부문에서 큰 공을 세운 사람이나 단체에 상을 주지요. 노벨의 사망일인 12월 10일 스톡홀름에서 수상식이 거행돼요.

[아하! 정답] ③. 노벨 평화상만 같은 날 노르웨이의 오슬로에서 시상해요.

part. 6
불가사의 · 인물 · 스포츠

똑똑 퀴즈

인물

'음악의 신동'이라 불린 오스트리아의 음악가는?

① 슈베르트   ② 모차르트   ③ 차이콥스키

이 사람을 주인공으로 한 <아마데우스>라는 영화도 있어.

더 알아봐요! 쏙쏙 교양

1. 음악의 신동

모차르트는 세 살 때 피아노를 연주하고 다섯 살 때 작곡을 할 정도로 뛰어난 음악의 신동이었어요. 절대 음감에 기억력도 좋아서 어떤 멜로디든 들려주면 그 자리에서 외워 연주할 정도였다고 해요. 작곡 실력도 마찬가지여서 35년의 짧은 일생 동안 무려 600여 곡이나 작곡을 했어요.

2. <마술피리>

오페라는 이탈리아어로 부르지만 <마술피리>는 서민들도 이해하기 쉽게 독일어로 만들었어요. 또한 처음 공연한 장소도 화려한 곳이 아닌 소박한 곳이었지요. 모차르트가 작곡한 마지막 오페라인 <마술피리>는 특히 '밤의 여왕 아리아'가 유명해요.

[아하! 정답] ②. 모차르트의 3대 오페라 작품으로 <피가로의 결혼>, <돈 조반니>, <코지 판 투테>를 꼽아요.

'등불을 든 천사'라 불린 영국의 간호사는?

① 엘리자베스 1세　② 마더 테레사　③ 나이팅게일

1. 백의의 천사

1820년 영국의 부유한 집안에서 태어난 나이팅게일은 어려서부터 병든 이웃에 관심을 가지며 간호사를 꿈꾸었어요. 바라던 대로 간호사가 된 나이팅게일은 크림 전쟁에서 종군 간호사로 활약했지요. 밤에도 등불을 들고 다니며 다친 병사들을 정성껏 돌봐 '등불을 든 천사'라고 불렸어요.

2. 간호 학교를 세우다

전쟁이 끝난 후 나이팅게일은 간호 학교를 세우고 근대 간호 교육의 기초를 닦았어요. 덕분에 간호사가 허드렛일을 하는 사람이 아닌 전문 직업이라는 의식을 갖게 되었지요. 간호학과 학생들은 실습 나가기 전에 나이팅게일의 숭고한 정신을 기리기 위해 촛불을 들고 '나이팅게일 선서'를 해요.

[아하! 정답] ③. 나이팅게일이 간호 활동을 했던 크림 전쟁은 흑해로 진출하려는 러시아가 튀르키예(터키), 영국, 프랑스 등의 연합군과 벌인 전쟁이에요.

part. 6
불가사의·인물·스포츠

인물

다윈이 쓴 책은 무엇일까?

① 〈노인과 바다〉
② 〈80일간의 세계 일주〉
③ 〈종의 기원〉

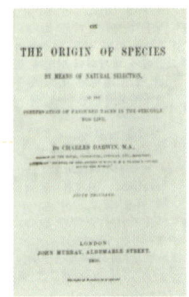

1. 다윈은 누구일까?

찰스 다윈은 1831년 영국 해군과 함께 비글호를 타고 남아메리카와 여러 섬을 탐험했어요. 그리고 갈라파고스 제도에 사는 거북과 새가 여느 곳과 다르다는 것을 발견했지요. 갈라파고스 제도의 동물들이 각 섬의 환경에 맞게 변한 것을 보고 동물과 식물, 곤충을 채집하고 연구를 시작했어요.

2. 진화론

다윈은 갈라파고스핀치들이 먹이 때문에 부리 모양이 서로 다르다는 것을 발견했어요. 환경에서 살아남기 좋게 진화한다는 사실을 알고 연구를 계속해 1859년 <종의 기원>이라는 책을 출간했지요. 창조론을 믿고 있던 당시 사람들은 다윈의 진화론에 큰 충격을 받았어요.

[아하! 정답] ③. 환경에 적응하기 좋은 특성을 가진 생물이 더 잘 생존하고, 그 특성이 자손에게 전달되면서 진화한다는 주장을 '자연 선택설'이라고 해요.

part. 6
불가사의 · 인물 · 스포츠

똑 똑 퀴 즈

`인물`

아프리카 사람들은 슈바이처를 무엇이라고 불렀을까?

① 신 ② 마법사 ③ 개척자

쏙 쏙 교 양
더 알아봐요!

1. 슈바이처

슈바이처는 1875년 독일에서 태어나 대학에서 신학과 철학을 공부했어요. 파이프 오르간 연주 실력도 뛰어났지요. 부족할 것 없이 지내던 어느 날, 자신이 가진 행복을 다른 사람에게 베풀어야겠다고 생각해 서른 살에 의학 공부를 시작했어요. 그리고 8년 후 의사가 되었어요.

2. 아프리카로

1931년 슈바이처는 가뭄과 질병으로 고통받는 사람들을 위해 아프리카 가봉으로 갔어요. 닭장을 고쳐 임시 병원으로 사용할 정도로 어려운 환경 속에서도 사람들을 치료한 슈바이처를 아프리카 사람들은 '마법사(오강가)'라고 불렀어요. 1952년 슈바이처는 노벨 평화상을 수상했어요.

[아하! 정답] ②. 가봉의 국기 디자인은 슈바이처가 쓴 <물과 원시림 사이에서>의 내용을 참고했다고 해요.

똑똑 퀴즈

인물

노벨상을 두 번이나 탄 여성 과학자는?

① 나이팅게일   ② 마리 퀴리   ③ 코코 샤넬

쏙쏙 교양

1. 마리 퀴리

1867년 폴란드에서 태어난 마리는 의과 대학에 다니는 언니의 학비를 돕기 위해 가정 교사로 일했어요. 언니가 의사가 된 다음 공부를 시작한 마리는 물리학자인 피에르 퀴리와 결혼했지요. 그리고 남편과 함께 새로운 원소인 폴로늄과 라듐 원소를 발견해 1903년 노벨 물리학상을 받았어요.

2. 두 번째 노벨상

남편이 사고로 세상을 떠난 후 마리는 소르본 대학 최초의 여성 교수가 되었어요. 그리고 1911년 노벨 화학상을 수상했어요. 마리의 딸도 핵물리학자가 되어 남편과 함께 1935년에 노벨 화학상을 받았어요. 마리 퀴리는 노벨상을 두 번이나 수상했고, 부모와 자식이 노벨상을 수상하는 특별한 기록도 남겼어요.

[아하! 정답] ②. 폴로늄은 마리의 조국 폴란드를 생각하며 지은 이름이라고 해요.

part. 6
불가사의 · 인물 · 스포츠

똑똑 퀴즈

[인물]

노예 해방 선언을 한 대통령은?

① 조지 워싱턴   ② 존 F. 케네디   ③ 에이브러햄 링컨

쏙쏙 교양
더 알아봐요!

1. 노예 해방 선언

　남북 전쟁 중이던 1863년 1월 1일, 마침내 '노예 해방 선언'을 했지만 당시 해방된 노예는 거의 없었어요. 하지만 헌법을 수정하면서 1865년에는 노예 해방이 가능해졌고, 미국뿐만 아니라 국제적으로도 많은 영향을 주었어요.

2. 책을 좋아한 소년

　링컨은 학교를 제대로 다니지 못할 정도로 집안이 어려웠어요. 그래도 늘 책을 가까이해 변호사와 국회 의원을 거쳐 미국의 제16대 대통령이 되었어요. 남북 전쟁을 승리로 이끌면서 다시 대통령에 당선되었지만 포드 극장에서 남부 출신 청년이 쏜 총에 맞아 숨을 거두었어요.

[아하! 정답] ③. 링컨은 사업에 두 번이나 실패하고 44년 동안 선거에 여덟 번이나 낙선했지만 미국 역사에서 가장 위대한 대통령이 되었어요.

똑똑 퀴즈

[인물]

남아프리카 공화국 최초의 흑인 대통령은?

① 오바마　② 만델라　③ 스탈린

쏙쏙 교양

1. 인종 차별

1488년 포르투갈이 남아프리카 케이프 반도에서 희망봉을 발견했어요. 이후 남아프리카로 진출해 남아프리카 연방을 세운 유럽의 백인들은 흑인을 차별하고 극단적인 인종 차별법인 '아파르트헤이트'를 실시했어요. 흑인을 강제로 이주시키고 백인 거주지에 들어오지 못하게 했으며 신분증에 피부색을 표시하기도 했어요.

2. 흑인 저항 운동

아파르트헤이트에 반대한 넬슨 만델라는 '아프리카 민족 회의'에 참여해 흑인 해방 운동의 지도자가 되었어요. 체포되어 약 27년간 감옥 생활을 하고 석방된 후 백인 정부와 협상을 벌여 아파르트헤이트와 관련된 법률을 모두 없앴지요. 그리고 1994년 남아프리카 공화국 최초의 흑인 대통령이 되었어요.

[아하! 정답] ②. 세계 인권 운동의 상징으로 떠오른 만델라는 1993년 노벨 평화상을 받았어요.

part. 6
불가사의 · 인물 · 스포츠

똑똑 퀴즈

[인물]

신대륙을 발견한 탐험가는?

① 마젤란　② 마르코 폴로　③ 콜럼버스

쏙쏙 교양 (더 알아봐요!)

1. 대항해 시대

　15세기 무렵 유럽은 동방에 관심을 갖기 시작했어요. 1451년 이탈리아에서 태어난 크리스토퍼 콜럼버스는 당시 아프리카를 돌아 인도나 중국으로 가는 뱃길 대신 서쪽으로 가면 더 편하게 인도로 갈 수 있다고 생각했어요. 그리고 에스파냐 이사벨 1세의 후원을 받아 대서양 횡단에 나섰어요.

2. 신대륙 발견

　콜럼버스는 첫 항해에서 쿠바와 아이티섬을 발견했지만 자신이 발견한 섬이 인도라고 생각했어요. 다시 떠난 항해에서 1492년 아메리카 본토까지 상륙했지만 신대륙을 발견한 줄 모른 채 인도라고 생각했지요. 그래서 자신이 발견한 곳을 '서인도 제도'라 부르고 아메리카 대륙의 원주민을 '인디언'이라고 불렀어요.

[아하! 정답] ③. 아메리고 베스푸치는 콜럼버스가 발견한 곳이 신대륙이라는 것을 알고 '아메리카' 대륙이라고 이름 지었어요.

최초로 남극점 탐험에 성공한 사람은?

① 마젤란　② 아문센　③ 스콧

1. 남극점 탐험가

노르웨이의 탐험가 아문센은 의과대학에 들어갔지만 탐험가의 꿈을 이루고자 남극 탐험과 북서 항로 개척에 참여했어요. 처음에는 북극점에 가려고 했지만 미국의 탐험가 피어리가 이미 도착했다는 소식을 듣고 정반대인 남극점으로 방향을 돌려 1911년, 세계 최초로 남극점에 도착했어요.

2. 또 다른 탐험가

남극점 탐험길에 아문센은 북극 이누이트족이 입던 가죽옷과 개썰매를 준비했어요. 그리고 돌아올 때를 위해 식량을 나누어 보관했지요. 아문센보다 며칠 뒤 출발한 영국 탐험가 스콧은 모직 옷에 말을 끌고 가 아문센보다 늦게 도착했고 추위에 지치고 식량도 떨어져 남극에서 죽고 말았어요.

[아하! 정답] ②. 아문센은 함께 북극 횡단 비행에 성공한 동료 탐험가가 행방불명되었다는 소식을 듣고 1928년 비행기를 몰고 북극으로 갔다가 돌아오지 못했어요.

스포츠

올림픽 우승자에게 주었던 나뭇가지는?

헤라클레스가 준 나뭇가지라고 해.

① 올리브나무 가지   ② 소나무 가지   ③ 복숭아나무 가지

1. 올림픽 메달

올림픽 경기에서 우승하면 선수에게 금메달을 주는데, 처음부터 그랬던 것은 아니에요. 1896년 제1회 아테네 올림픽 때는 금메달이 없었고, 우승자에게 올리브나무 가지와 은메달 그리고 상장을 주었어요. 지금처럼 금·은·동메달을 준 것은 1900년 제2회 파리 올림픽 때부터예요.

2. 승리의 월계관

옛날 올림픽에서는 우승한 사람에게 월계수 잎을 엮은 월계관을 수여했어요. 그런데 근대 올림픽에서는 주로 올리브 잎을 사용했어요. 우승자의 명예를 나타내는 월계관은 관습적인 명칭일 뿐 반드시 월계수 잎이 사용된 것은 아니라고 해요.

[아하! 정답] ①. 손기정 선수가 받은 월계관은 참나무로 만들었다고 해요.

part. 6
불가사의 · 인물 · 스포츠

똑 똑 퀴 즈

스포츠

근대 올림픽을 창시한 사람은 누구일까?

① IOC   ② 쿠베르탱   ③ 헤라클레스

쏙 쏙 교양 (더 알아봐요!)

1. 올림픽의 기원

올림픽은 기원전 776년 그리스에서 시작되었어요. 그리스 청년들이 경쟁했던 시합으로 고대 올림픽은 남자들만 참여할 수 있었어요. 노예와 여자들은 경기를 볼 수도 없었고, 그리스인이 아닌 남자는 구경만 할 수 있었으며 경기에는 참가할 수 없었어요.

2. 근대 올림픽의 시작

고대 올림픽은 서기 393년에 테오도시우스 황제가 종교적 이유로 중단시켰어요. 그러다 프랑스의 쿠베르탱 남작에 의해 다시 시작되었지요. 1896년 아테네에서 14개국 선수가 참가한 제1회 올림픽 경기가 열렸어요. 하계 올림픽만 열리다가 1924년 동계 올림픽이 시작되었어요.

[아하! 정답] ②. 근대 올림픽은 제1·2차 세계 대전 때인 1916년, 1940년, 1944년에 중단되기도 했어요.

part. 6
불가사의 · 인물 · 스포츠

똑똑 퀴즈

`스포츠`

마라톤은 왜 42.195km를 달릴까?

① 42.195를 완벽한 숫자로 여겨서
② 신의 계시가 있어서
③ 승리를 전한 병사를 기념하기 위해

쏙쏙 교양

1. 마라톤의 기원

기원전 490년, 마라톤이라는 도시에서 아테네와 페르시아가 전투를 벌였어요. 그리고 아테네가 승리하자 이 소식을 전하기 위해 쉬지 않고 달린 병사는 아테네에 도착해 승리의 소식을 전하고 안타깝게도 숨을 거두었어요. 이때 병사가 달린 거리가 약 40km였으며 마라톤의 유래가 되었어요.

2. 우리나라 최초의 금메달

손기정 선수는 한국인 최초로 올림픽에서 금메달을 땄어요. 일제 강점기였던 1936년 베를린 올림픽에서 당시 세계 신기록으로 마라톤에서 우승했지요. 하지만 시상대에 오른 손기정 선수는 고개를 숙였어요. 우승의 영광을 조국이 아닌 일본이 가져가게 되어 슬펐기 때문이에요.

손기정 기념관

[아하! 정답] ③. 손기정 선수에 이어 56년 만인 1992년 바르셀로나 올림픽 마라톤 경기에서 우리나라의 황영조 선수가 금메달을 땄어요.

part. 6
불가사의 · 인물 · 스포츠

똑 똑 퀴 즈

스포츠

왜 월드컵엔 나라, 올림픽엔 도시 이름이 붙을까?

① 올림픽과 월드컵의 경기 종목 차이 때문에
② 월드컵이 올림픽보다 큰 대회라서
③ 올림픽이 처음에는 도시의 친선 경기였기 때문에

더 알아봐요!
쏙 쏙 교 양

1. 월드컵

월드컵은 국제 축구 연맹(FIFA)에서 4년마다 개최하는 세계 선수권 대회예요. 1930년 우루과이에서 제1회 대회가 열렸고, 우리나라는 제5회 스위스 대회에 처음 참가했어요. 그리고 2002년 제17회 대회는 한국과 일본이 공동으로 개최했어요. 월드컵에서 우승한 나라에는 FIFA컵이 수여돼요.

2. 월드컵은 나라 이름, 올림픽은 도시 이름

올림픽 이름 앞에는 도시 이름이 붙고 월드컵 앞에는 나라 이름이 붙어요. 최초의 올림픽은 도시 국가인 그리스에서 시작되었어요. 각 도시의 친선 대회였던 전통을 이어 올림픽에는 도시 이름이 붙어요. 하지만 월드컵은 각 나라의 축구협회가 주관하기 때문에 나라 이름이 붙지요.

[아하! 정답] ③. 고대 그리스의 도시 국가들은 올림픽 기간에는 전쟁을 멈추고 평화와 친선을 도모했어요.

왜 골키퍼만 유니폼이 다를까?

① 상대 선수를 위협하기 위해
② 심판이 다른 선수와 잘 구별하기 위해
③ 다른 선수보다 멋지게 보이려고

1. 골키퍼의 특징

축구는 11명이 한 팀을 이루어서 상대편 골대에 공을 넣어 점수를 내는 스포츠예요. 선수들은 경기 중에 손과 팔을 제외한 모든 부위를 사용할 수 있어요. 다만, 골키퍼는 골을 막아야 하기 때문에 손으로 공을 잡을 수 있지요.

2. 페널티 에어리어 안과 밖

골키퍼만 선수들과 다른 색(디자인)의 유니폼을 입어요. 골키퍼는 자신의 팀 진영의 페널티 에어리어에서만 손을 사용할 수 있어요. 만약 골키퍼가 페널티 에어리어 밖에서 손을 사용했을 경우에는 다른 선수들과 마찬가지로 반칙이에요. 이처럼 심판이 필드에서 뛰는 선수들과 골키퍼를 쉽게 구별하기 위해서 유니폼이 다른 거랍니다.

[아하! 정답] ②. 페널티 에어리어는 수비 선수가 반칙했을 때 공격하는 편에게 페널티킥을 허용할 수 있는 구역이에요.

7장

경제·직업·생활

part. 7
경제·직업·생활

똑똑 퀴즈

• 경제 •
물건 값은 왜 오르락내리락할까?

① 나라에 돈이 필요해서
② 생산(공급)과 수요가 변하기 때문에
③ 경제적인 주기 때문에

쏙쏙 교양

1. 가격이란?

물건을 살 때 지불하는 대가를 '가격(값)'이라고 해요. 가격은 물건에만 있는 것이 아니에요. 놀이공원에 들어갈 때 내는 입장료나 학원에 내는 학원비, 집을 빌린 대가로 내는 임대료나 미용실에서 머리를 자르고 지불하는 것도 모두 가격이에요.

2. 물건 가격을 결정하는 기준

물건을 만들거나 파는 사람을 공급자라 하고, 물건을 사는 사람을 수요자라고 해요. 가격은 공급자와 수요자에 의해 결정돼요. 공급이 많고 수요가 적으면 가격은 내려가고, 공급이 적고 수요가 많으면 가격은 올라가요. 이것을 '수요·공급의 법칙'이라고 해요.

[아하! 정답] ②. 생산자가 한 기업이나 한 사람인 경우 '독점 시장'이라고 하는데 독점 시장에서는 생산자가 가격을 마음대로 결정하기도 해요.

part. 7
경제·직업·생활

똑똑 퀴즈

• 경제 •

세계 대공황은 왜 일어났을까?

① 국제적인 사기꾼 때문에
② 사람들이 일을 하지 않아서
③ 주식이 갑자기 폭락해서

1. 세계 대공황이란?

1929년 8월, 미국의 주가가 상승하자 사람들은 너도나도 주식에 투자했어요. 그런데 10월 24일, 갑자기 주가가 폭락하기 시작했어요. 주가가 계속 떨어져 투자한 사람들은 하루아침에 큰돈을 잃었고, 기업들도 문을 닫을 정도였지요. 미국의 주식 폭락으로 세계 대공황이 시작되면서 경제 균형이 무너져 온 세계가 불안했어요.

2. 세계 대공황의 원인

제1차 세계 대전 이후 미국은 물건을 많이 생산했지만 팔리지 않자 문을 닫는 공장이 늘어났어요. 그 때문에 사람들은 일자리를 잃고 주식까지 폭락하면서 세계적인 경제 공황으로 번졌어요. 대공황은 미국의 루스벨트 대통령의 '뉴딜 정책'으로 서서히 회복되었어요.

[아하! 정답] ③. 뉴딜 정책은 정부가 경제 활동에 적극 개입해 시행한 경제 부흥 정책이에요.

part. 7

경제 · 직업 · 생활

똑 똑 퀴 즈

• 경제 •

금융 실명제는 왜 하는 걸까?

① 부정한 방법으로 돈을 모으는 것을 막기 위해
② 돈을 잃어버리는 사람이 많아서
③ 은행이 고객 관리를 하기 위해

쏙 쏙 교 양

1. 금융 실명제란?

금융 실명제는 금융 거래를 하는 사람은 누구나 본인 이름(실제 명의)으로 거래해야 하는 제도예요. 우리나라는 1993년 8월부터 실시되었고, 은행은 물론 주식이나 채권 같은 금융 상품을 거래할 때 본인 이름을 사용하지 않으면 법에 따라 처벌을 받을 수 있어요.

2. 왜 하는 걸까?

다른 사람의 이름을 빌린 차명 계좌나 이름이 없는 무기명 계좌에 부정한 방법으로 모은 돈이나 불법 자금, 뇌물 등을 숨기는 일이 많았어요. 따라서 옳지 않은 방법으로 돈을 모으는 것을 막고 금융 거래를 정상화하기 위해 금융 실명제가 실시되었어요.

[아하! 정답] ①. 금융 실명제로 부정부패 방지 효과를 거두자 1995년 7월부터 부동산 실명제도 실시하고 있어요.

똑똑 퀴즈

• 경제 •

'인플레이션'이란 무엇일까?

① 물건을 많이 사는 것
② 화폐 가치가 떨어지는 것
③ 물건이 안 팔리는 것

1. 인플레이션

수요는 늘어나는데 공급이 적으면 가격이 올라요. 또 제품 생산 비용이 올라도 가격이 오르지요. 물가가 계속 오르면 더 많은 돈을 써야 해요. 이처럼 물가는 오르고 화폐 가치가 떨어지는 것을 '인플레이션'이라고 해요. 화폐 가치가 떨어지면 실제 소득이 줄어들어 생활하기 어려워요.

2. 디플레이션

인플레이션과 반대로 물가가 내려도 사는 사람이 없으면 물건을 팔지 못한 공장이나 기업은 문을 닫아요. 그러면 실업자가 늘어나고, 돈이 없어 소비를 하지 않아 물건은 더 안 팔리지요. 이렇게 물가가 내리고 경제 활동이 침체되는 것을 '디플레이션'이라고 해요.

[아하! 정답] ②. 제1차 세계 대전 이후 독일은 엄청난 양의 지폐를 발행해 화폐 가치가 떨어지자 땔감을 사는 것보다 지폐를 태우는 것이 더 이익이었던 때도 있었어요.

part. 7
경제 · 직업 · 생활

• 경제 •

'금리'란 무엇일까?

① 금의 가격　② 은행 방문객 비율　③ 돈에 붙는 이자

금리가 높으면 좋은 점도 있고 나쁜 점도 있어.

1. 금리

은행과 거래할 때 돈을 맡기면 은행에서 이자를 받고, 돈을 빌리면 은행에 이자를 내야 해요. 이때 원래 거래한 돈인 원금에 대해 이자가 얼마나 되는지를 비율로 나타낸 것이 '금리'예요. 금리는 신용 등급에 따라 달라지기도 해요.

2. 금리가 높아야 좋을까, 낮아야 좋을까?

은행에 돈을 맡길 때 적용되는 이자율은 예금 금리, 돈을 빌릴 때 적용되는 이자율은 대출 금리예요. 금리가 높으면 예금 금리를 많이 받을 수 있어 저축하는 사람들이 늘어요. 저축이 늘면 금리가 떨어져 대출 받는 사람이 늘어나지요. 그러면 돈의 공급이 줄어 금리가 오르게 돼요.

[아하! 정답] ③. 이자는 원금뿐만 아니라 이자에도 붙은 경우가 있는데 이를 '복리'라고 해요.

part. 7
경제 · 직업 · 생활

똑똑 퀴즈

• 경제 •
M&A는 무슨 뜻일까?

① 기업들 간의 경쟁
② 초콜릿 이름
③ 다른 기업과 하나가 되는 것

더 알아봐요!
쏙쏙 교양

1. M&A

기업이 새로운 사업이나 기술을 얻기 위해 다른 기업과 하나가 되는 경우가 있어요. 이를 '합병(merger)'이라고 해요. 또 다른 기업의 경영권을 갖는 것을 '인수(acquisition)'라고 해요. 이 두 단어의 머리글자를 딴 것이 M&A로, 다른 기업을 사들이거나 합병하는 것을 말해요.

2. M&A는 왜 할까?

새로운 기업을 만들려면 처음부터 시작해야 해요. 그런데 이미 어느 정도 기술을 갖춘 기업을 인수하면 비용도 줄고 기술 정보 같은 노하우도 얻을 수 있지요. 또 기술은 있는데 자본이 부족한 경우 M&A로 다른 기업의 도움을 받을 수 있어요.

[아하! 정답] ③. 때로는 힘이 센 기업이 약한 기업을 빼앗듯이 인수하거나 합병하기도 해요.

벤치마킹은 어떻게 하는 것일까?

① 좋은 벤치를 만드는 것
② 마무리를 잘하는 것
③ 좋은 기업을 따라 하는 것

1. 벤치마킹이 무엇일까?

옛날에 강물이나 건축물의 높낮이를 잴 때 쇠막대기를 세워 측정했어요. 그 기준을 '벤치마크'라 하고, 벤치마크를 세우거나 활용하는 일을 '벤치마킹'이라고 해요. 벤치마킹은 우수한 기업의 운영 방법을 배우는 것을 말하며, 모범 기업과 자기 회사를 비교해 단점을 보완해 가는 거예요.

2. 누가 처음 했을까?

제록스는 전 세계 복사기의 90% 이상을 차지할 정도로 큰 기업이었어요. 그런데 다른 복사기 업체들이 새로운 제품을 내놓자 제록스의 매출이 떨어졌어요. 이에 제록스는 다른 기업을 벤치마킹해 고객의 요구에 맞춘 제품을 만들어 시장 점유율을 회복했지요.

[아하! 정답] ③. 기업을 따라 하는 것이지만 단순히 베끼는 것이 아니라 장점과 단점을 분석한다는 점에서 모방과는 달라요.

'스톡옵션'이 무엇일까?

① 자기 회사 주식을 행사 가격에 살 수 있는 것
② 물건을 살 때 선택할 권리를 주는 것
③ 회사에서 연말에 하는 페스티벌

1. 스톡옵션

벤처 기업 등 새로 회사를 세울 때 실력 좋은 사람을 쓰고 싶지만 자금이 부족할 때가 있어요. 이때 자기 회사의 주식을 낮은 가격에 샀다가 나중에 팔 수 있게 해 주는데 이를 '스톡옵션(주식 매수 선택권)'이라고 해요.

2. 왜 하는 걸까?

스톡옵션 제도를 통해 회사 주식을 일정 기간 동안 시세보다 낮은 금액으로 살 수도 있고 나중에 팔 수도 있어요. 스톡옵션으로 좋은 인재를 확보할 수 있고 임직원의 사기도 올릴 수 있어요. 회사가 이익을 많이 내면 낼수록 주가가 올라가기 때문에 임직원들은 회사와 자신의 이익을 위해 열심히 일하게 되지요.

[아하! 정답] ①. 우리나라는 1997년 4월에 스톡옵션 제도가 도입되었어요.

경제

'서킷 브레이커'란 무엇일까?

① 분위기를 흐리는 사람
② 주식 거래 정지 제도
③ 춤의 한 종류

서킷브레이커는 일종의 안전장치야.

1. 서킷 브레이커

주식 시장에서 주가가 갑자기 많이 오르거나 떨어질 때 거래를 정지하는 것이 '서킷 브레이커'예요. 1987년 10월 미국에서 주가가 대폭락한 블랙 먼데이 이후 주식 시장이 붕괴되는 것을 막기 위해 도입했어요. 주식 시장뿐 아니라 어떤 상황을 강제로 중단하거나 통제할 때도 쓰여요.

2. 사이드카는 무엇일까?

주식에는 현재 시세로 거래하는 현물 거래와 미래를 예측해서 투자하는 선물 거래가 있어요. 선물 시장이 갑자기 오르면 사이드카가 발동되어 5분 동안 주식 거래가 중단돼요. 서킷 브레이커의 보조적 수단으로 블랙 먼데이 때 함께 도입되었어요.

[아하! 정답] ②. 원래 서킷 브레이커는 전류가 과하게 흐르면 자동으로 차단하는 안전장치예요.

'국내 총생산'이란 무엇일까?

① 1년 동안 우리나라에서 소비된 것
② 1년 동안 우리나라 사람들이 생산한 것
③ 1년 동안 우리나라 안에서 생산된 것

1. 국내 총생산(GDP)

한 나라의 경제 활동이나 경제적인 성과를 나타낸 것을 '국민 소득 지표'라고 해요. 국내 총생산과 국민 총생산, 국민 소득, 국민 순생산 등을 들 수 있어요. 그중에서 국내 총생산은 1년 동안 한 나라 안에서 생산된 재화(물건)와 서비스를 말해요.

2. 국민 총생산(GNP)

국민 총생산은 우리나라 국민이 벌어들인 총소득을 말해요. 국내는 물론 우리나라 사람이 국외에서 생산한 것까지 포함하지요. 우리나라에서 일하는 이주 노동자가 생산한 것은 우리나라 국내 총생산에 포함되지만 국민 총생산에는 포함되지 않아요. 1년간을 단위로 하며 한 나라의 경제 규모를 재는 기준이 돼요.

[아하! 정답] ③. 국내 총생산은 우리나라 사람은 물론 외국인이 생산한 것까지 포함해요.

FTA는 무엇을 말할까?

① 나라와 나라 사이의 국제 경기
② 나라와 나라 사이의 공동 구역
③ 나라와 나라 사이의 자유 무역

1. 자유 무역 협정

나라와 나라가 무역을 할 때는 관세를 물어야 하는데 관세와 시장 점유율 제한 등을 없애 무역을 자유롭게 하는 협정을 '자유 무역 협정(FTA)'이라고 해요. FTA를 맺으면 국제 시장에서 거래할 수 있어 높은 이익을 얻을 수 있고 기술과 자본까지 도움받을 수 있어요.

2. FTA는 모든 나라에 좋을까?

FTA는 관세를 물지 않아도 되고 외국에 공장을 세워 물건을 생산해 판매도 하고 일자리도 만들 수 있어요. 그런데 외국의 값싼 물건이 들어오면 사람들이 싼 물건을 찾기 때문에 국내 생산자는 손해를 볼 수도 있어요. 국가 간의 교류가 활발해지면서 다국적 기업이 등장해 FTA는 점점 증가하고 있어요.

[아하! 정답] ③. 우리나라는 2002년 칠레와 처음으로 자유 무역 협정을 맺었어요.

part. 7

경제·직업·생활

• 경제 •

주식은 왜 발행하는 걸까?

① 회사를 경영하기 위해
② 부자가 되기 위해
③ 세금을 내기 위해

주가가 오르락내리락 하면 주식을 산 사람의 마음도 오르락내리락.

더 알아봐요!
쏙 쏙 교 양

1. 주식이란?

주식은 주식회사가 필요한 돈을 마련하기 위해 발행한 유가 증권이에요. 주식을 사고팔면서 시장에서는 '시세'가 이루어져요. 시세는 주식의 수요와 공급에 따라 계속 변해요. 그리고 기업의 실적, 경기 흐름, 사회 분위기의 영향을 받기도 하지요.

2. 왜 주식을 사고팔까?

회사는 경영에 필요한 돈을 마련하기 위해 주식을 발행해요. 주식을 사는 사람이 많으면 그만큼 회사는 많은 돈을 투자받을 수 있지요. 회사는 그 돈으로 경영하고 이익이 생기면 주식을 산 주주들과 나누어요. 반대로 회사 경영을 잘못해서 손해가 나면 주주들은 돈을 받지 못할 수도 있어요.

[아하! 정답] ①. 코스피는 우리나라 증권 시장으로 주로 규모가 큰 기업이 등록되어 있고, 코스닥은 중소·벤처 기업이 중심이 되는 주식 시장이에요.

똑똑 퀴즈

• 경제 •

우리나라 최초의 화폐는 무엇일까?

① 상평통보　② 건원중보　③ 당백전

최초의 화폐는 놋쇠로 만들었어.

더 알아봐요! 쏙쏙 교양

1. 물물교환에서 화폐로

옛날에는 서로 필요한 물건과 물건을 바꾸어 사용했어요. 가장 원시적인 교환 방법이지요. 그러다 고려 시대에 상업이 활발해지면서 화폐를 사용하기 시작했어요. 우리나라 최초의 화폐(쇠돈)는 고려 성종~목종 때까지 만들어 쓴 건원중보예요.

2. 엽전

옛날에는 놋쇠로 만든 엽전을 사용했어요. 외국과 거래할 때는 주로 은을 사용했지요. 고려 시대 때 건원중보를 만들어 사용했지만 백성들은 화폐보다 쌀과 옷감으로 거래하는 경우가 많았어요. 그러다 조선 후기에 상평통보를 만들고 세금도 상평통보로 내게 하면서 널리 사용하기 시작했어요.

[아하! 정답] ②. 엽전의 동그란 모양은 하늘, 가운데 네모난 구멍은 땅을 뜻하며 이 구멍에 끈을 끼워 여러 개의 동전을 엮어서 사용했어요.

세금은 왜 내야 할까?

① 나라를 부자로 만들기 위해
② 전쟁에 대비하기 위해
③ 국민들이 편하게 생활하기 위해

1. 세금이 쓰이는 곳

세금은 나라 살림을 위해 국민들이 내는 돈이에요. 개인이 해결할 수 없는 도로를 건설하거나 국방, 교육, 정책을 실행하는 데도 써요. 해마다 정부는 세금을 어디에 쓸지 계획하고 국회의 허락을 받아요. 그리고 정부가 올바른 곳에 사용했는지도 검사해요.

2. 세금의 종류

세금에는 중앙 정부가 걷는 국세와 지방 자치 단체가 걷는 지방세가 있고, 걷는 방법에 따라 직접세와 간접세로 구분해요. 우리나라 국민은 누구나, 어른뿐 아니라 어린이도 세금을 내요. 상품에 '부가 가치세'라는 세금이 포함돼 있어 과자를 살 때 자신도 모르게 세금을 내고 있어요.

[아하! 정답] ③. 우리나라 국민은 국방의 의무, 교육의 의무, 근로의 의무와 함께 납세의 의무가 있어요.

part. 7
경제 · 직업 · 생활

똑똑 퀴즈

· 직업 ·

로마 시대에는 봉급으로 무엇을 주었을까?

① 소금 ② 돈 ③ 금

샐러리맨이라는 말이 여기서 생겼어.

더 알아봐요! **쏙쏙 교양**

1. 샐러리맨의 유래

근로자는 일을 한 대가로 봉급을 받아요. 그런데 고대 로마 시대에는 관리나 군인에게는 봉급으로 돈이 아니라 소금을 주었어요. 라틴어로 소금을 지불하는 것을 살라리움(salarium)이라고 하는데 이 말이 변해 봉급을 뜻하는 영어 단어 '샐러리(salary)'가 되었어요.

2. 실업 급여

고용 보험에 가입한 근로자가 직장을 잃으면 다시 취업할 때까지 일정 기간 동안 일정한 금액의 수당을 지불해요. 이것을 '실업 급여'라고 하지요. 실업 상태의 불안정한 생계를 도와주고 다시 취업을 할 수 있도록 지원해 주는 제도예요.

[아하! 정답] ①. 연봉은 1년 동안 받는 봉급의 총액이에요. 보통 연봉을 한 달 단위로 계산해 매달 '월급'으로 받아요.

part. 7
경제 · 직업 · 생활

똑똑 퀴즈

• 기업

국가가 설립해서 운영하는 회사는?

① 공기업   ② 주식회사   ③ 대기업

모든 국민이 공평하게 혜택을 받을 수 있도록 만든 회사야.

쏙쏙 교양

1. 나라에서 설립한 회사

공공복리를 위해 국가나 지방 자치 단체가 설립해서 운영하는 회사를 '공기업'이라고 해요. 국민에게 기본적인 서비스를 제공하기 위해 만든 기업으로 수도나 주택, 가스 그리고 철도와 고속도로를 만들고 관리하는 회사 등이 있어요.

2. 나라에서 왜 회사를 만들까?

철도는 우리 생활에 꼭 필요한 운송 수단이에요. 그런데 만드는 데 많은 돈이 들어가요. 일반 기업에서는 비용을 부담하기 어려우므로 나라에서 세금으로 철도를 건설하지요. 이렇게 돈이 많이 들지만 국가나 사회 구성원에게 꼭 필요한 사업은 대부분 공기업을 만들어서 운영해요.

[아하! 정답] ①. 우리나라 공기업은 누가 출자했는지에 따라 중앙 공기업과 지방 공기업으로 나뉘어요.

part. 7
경제·직업·생활

똑똑 퀴즈

•생활•

청바지는
누가 처음 입었을까?

청바지는 처음에는 작업복이었대.

① 영국 뱃사람들 　② 프랑스 산악인들 　③ 미국 광부들

더 알아봐요! 쏙쏙 교양

1. 천막 천으로 만든 바지

독일에서 태어난 리바이 스트라우스는 1850년대 미국 샌프란시스코에서 금이 발견되자 미국으로 떠났어요. 금을 캐는 광부들에게 천막 천을 팔기 위해서였지요. 그런데 광부들이 바지가 많이 닳아 해진 것을 보고 천막 천으로 만든 바지가 바로 청바지예요.

2. 청바지의 유행

청바지는 광부의 작업복이었기 때문에 아주 튼튼했어요. 그래서 이탈리아 제노아 항에서 선원들이 청바지 형태의 작업복을 입었어요. 제노아(Genoa)에서 청바지를 뜻하는 '진(Jean)'이 유래해 청바지를 흔히 '진'이라고 해요.

[아하! 정답] ③. 우리나라에는 1950년대 한국 전쟁에 참전했던 미군들의 작업복으로 처음 선보였어요.

햄버거는 언제 만들어졌을까?

① 몽골인이 유목 생활을 했을 때
② 미국 서부 개척기 때
③ 대항해 시대 때

1. 햄버거의 유래

10세기 초 유목 생활을 한 몽골인들은 초원에서 음식을 보관하는 것이 어려웠어요. 이동 생활을 하다 보니 무겁거나 부피가 큰 것은 저장하기 힘들어 고기를 말려서 육포로 만들었어요. 이것이 칭기즈칸의 정복 전쟁으로 동유럽까지 전파되어 독일식 스테이크로 발전한 것이 '햄버거'예요.

2. 샌드위치

샌드위치는 18세기 후반 영국의 샌드위치 백작 이름에서 유래했어요. 샌드위치 백작은 도박에 빠져 음식을 차려 놓아도 차갑게 식기 일쑤였어요. 그래서 도박을 하면서도 먹기 편하게 식빵 사이에 고기와 채소를 끼워서 먹은 것이 샌드위치의 시작이에요.

[아하! 정답] ①. 열량은 높지만 영양가가 낮은 패스트푸드나 인스턴트식품을 '정크푸드'라고 해요.

part. 7
경제 · 직업 · 생활

똑똑 퀴즈

• 직업 •

컴퓨터로 범죄를 저지르는 사람을 무엇이라고 할까?

 컴퓨터 범죄가 나날이 발전하고 있어!

① 앵커   ② 해커   ③ 브로커

더 알아봐요! 쏙쏙 교양

1. 해킹하는 사람

다른 사람의 컴퓨터 시스템에 함부로 접근해 자료를 망가뜨리는 것을 '해킹'이라 하고, 이러한 행위를 하는 사람을 '해커'라고 해요. 해커는 원래 컴퓨터를 이용해 소프트웨어 작품을 만드는 사람이었는데, 요즘은 컴퓨터를 이용해서 범죄를 저지르는 사람을 가리키는 말이 되었어요.

2. 보안 전문가

다른 사람의 컴퓨터를 망가뜨리는 해커를 '블랙 해커' 또는 '크래커'라고 해요. 그리고 불법적인 해킹을 방어하는 보안 전문가를 '화이트 해커'라고 해요. 주로 보안 전문가로서 보안의 문제점을 연구하고 보안 시스템에 방어 전략을 세우는 일을 하지요.

[아하! 정답] ②. 최초의 해커는 미국 대학의 철도 동호회 회원들이었다고 해요.

똑똑 퀴즈

• 생활 •

연은 처음에 어떤 용도로 쓰였을까?

① 군사용 ② 놀이용 ③ 의료용

연을 하늘에 띄우면 많은 사람들이 볼 수 있어.

더 알아봐요!
쏙쏙 교양

1. 신호 수단으로 쓰인 연

연은 종이에 대나무로 뼈대를 만들어 붙이고 실을 매서 공중에 띄워 올리는 놀이 기구예요. 지금은 놀이 기구지만 옛날에는 군사용 신호 수단으로 사용했어요. 중국에서 처음 만든 연은 색깔이나 무늬를 달리해서 신호를 보내는 데 사용했다고 해요.

2. 우리나라의 연

<삼국사기>에 보면 신라의 김유신 장군이 연을 사용했다는 기록이 있어요. 또 고려 때는 최영 장군이 불덩이를 매단 연을 적군의 성 안으로 날려 보내 공격했다는 기록도 있지요. 임진왜란 때는 이순신 장군이 연을 이용해 작전을 지시하거나 섬과 육지로 소식을 전했다고 해요.

[아하! 정답] ①. 연줄을 감는 기구를 '얼레'라고 해요.

우리나라 고유의 난방 시설은?

① 난로 ② 화덕 ③ 온돌

겨울에는 따끈한 아랫목이 최고야.

1. 우리나라만의 난방

불을 때서 방바닥을 데우는 우리나라 고유의 난방 시설을 '온돌'이라고 해요. 철기 시대부터 사용해 온 온돌은 열의 전도를 이용한 것으로, 방바닥에 깔린 넓적한 구들장을 데우면 온도가 높아진 돌이 열을 방출해 방바닥을 따뜻하게 데워 주는 구조예요.

2. 온돌과 과학

아궁이에 불을 때면 그 열기가 구들장으로 전해지는 것은 '열의 전도'이고 그 열기가 방으로 퍼지는 것은 '열의 복사'예요. 데워진 공기가 위아래로 순환하면서 훈훈해지는 것은 '대류 현상'이지요. 온돌은 열의 전도와 복사 그리고 대류 현상이 어우러져 방을 따뜻하게 해 줘요.

[아하! 정답] ③. 구들장은 방고래 위에 깔아 방바닥을 만드는 얇고 넓은 돌이에요.

'착한 커피'란 어떤 커피일까?

① 착한 사람이 키운 커피
② 맛이 순한 커피
③ 공정 거래를 한 커피

1. 공정 무역

세계 무역 기구(WTO)는 모든 나라가 자유 무역을 하는 것을 목표로 하고 있어요. 그런데 선진국들이 개발 도상국의 자원을 이용해 물건을 싸게 만들어 비싸게 팔면 개발 도상국은 손해를 볼 수 있지요. 그래서 생산자에게 정당한 대가를 지불하는 공정 무역을 시작했어요.

2. 착한 커피

공정 무역은 노동에 대한 공정한 가격을 지불하면 소비자는 건강한 환경에서 믿을 수 있는 제품을 공급받는 것을 원칙으로 해요. 커피의 경우 대부분 가난한 나라에서 원두를 생산하는데, 공정한 가격을 지불하고 거래하는 커피를 '착한 커피'라고 해요.

[아하! 정답] ③. 착한 커피 이외에도 설탕이나 초콜릿 등도 공정 무역으로 거래하고 있으며 이를 '착한 소비'라고 해요.

세계 역사 속 전쟁의 원인과 결과

페르시아 전쟁
▶ 기원전 492년~기원전 479년

기원전 492년, 페르시아의 지배를 받던 이오니아 사람들이 독립을 위해 반란을 일으켰어요. 아테네가 군대를 보내 반란군을 돕자 페르시아는 보복을 하려고 그리스 원정에 나섰지요. 세 차례에 걸쳐 페르시아가 침범했지만 그리스가 승리함으로써 아테네 문화의 번영 시대를 맞이했어요.

십자군 전쟁
▶ 1096년~1291년

이슬람교도들이 예루살렘을 차지하자 교황 우르바노스 2세가 예루살렘을 되찾기 위해 이슬람교도와의 전쟁을 시작했어요. 1096년부터 13세기 후반까지 십자군 원정대를 파견했지만 1차에서만 승리하고 2차 때부터는 실패로 돌아갔어요. 예루살렘을 찾겠다는 본래의 뜻을 잊어버리고 권력과 경제적 이익을 얻으려다 결국 실패하고 말았어요.

백년 전쟁
▶ 1337년~1453년

프랑스 카페 왕조의 마지막 왕 샤를 4세가 세상을 떠나자 사촌동생 필리프 6세와 조카인 영국 왕 에드워드 3세가 왕위를 놓고 다투었어요. 필리프 6세가 영국 영토를 공격하자 에드워드 3세가 전쟁을 선포하면서 백년 전쟁이 시작되었지요. 잔 다르크 등이 활약해 프랑스의 승리로 백년 전쟁은 끝났어요.

제1차 세계 대전

▶ 1914년~1918년

1914년, 세르비아 청년이 사라예보를 방문한 오스트리아 황태자 부부를 암살하자 오스트리아는 세르비아에 전쟁을 선포했어요. 러시아가 세르비아 편에 서면서 러시아 동맹국과 오스트리아 동맹국의 제1차 세계 대전이 시작되었지요. 여러 나라가 한꺼번에 참가한 제1차 세계 대전은 1918년 독일이 항복하고 이듬해 베르사유 조약이 맺어지면서 끝났어요.

제2차 세계 대전

▶ 1939년~1945년

제1차 세계 대전 이후 독일은 히틀러가 정권을 장악했어요. 1939년, 독일이 폴란드를 침략하자 영국과 프랑스가 독일에 선전 포고를 하면서 제2차 세계 대전이 시작되었어요. 소련 정복에 나선 독일은 추위와 식량 부족 등으로 실패했고, 1941년부터는 일본과 연합국 사이에 태평양 전쟁이 벌어졌어요. 1943년 9월에 이탈리아, 1945년 5월에 독일, 1945년 8월에 일본이 항복하면서 끝났어요. 이로써 1910년 일본에 국권을 빼앗긴 우리나라도 35년 만에 광복을 맞이했지요.

사진 출처

015p. 에니악 Unknown authorUnknown author, Public domain, via Wikimedia Commons
023p. 핼리 혜성 NASA/W. Liller, Public domain, via Wikimedia Commons
026p. 화산 Boaworm, CC BY 3.0 <https://creativecommons.org/licenses/by/3.0>, via Wikimedia Commons
040p. 필즈상 Stefan Zachow of the International Mathematical Union; retouched by King of Hearts, Public domain, via Wikimedia Commons
046p. 메디치가의 로렌초 Giorgio Vasari / Public domain
047p. 갑골 문자 Oracle bone script, derivative work: Dragonbones / CC BY-SA (https://creativecommons.org/licenses/by-sa/3.0)
050p. 모헨조다로 유적 Comrogues from San Francisco, California, CC BY 2.0 <https://creativecommons.org/licenses/by/2.0>, via Wikimedia Commons
052p. 한국 전쟁 Unknown author, Public domain, via Wikimedia Commons
079p. 앙코르 와트 Grossbildjaeger, CC BY-SA 3.0 <https://creativecommons.org/licenses/by-sa/3.0>, via Wikimedia Commons
093p. <죠스> 원작 소설 표지 Roger Kastel, Public domain, via Wikimedia Commons
113p. 히포크라테스 Original by 1881 Young Persons' Cyclopedia of Persons and PlacesUpload by RedWolf (Jan 10, 2005) Derivative version by ReneeWrites, Public domain, via Wikimedia Commons
129p. 톨스토이 Sergei Prokudin-Gorskii, Public domain, via Wikimedia Commons
132p. 소크라테스의 죽음 David, CC0, via Wikimedia Commons
135p. 데카르트 Rijksmuseum, CC0, via Wikimedia Commons
136p. 니체 초상화 Munch, Public domain, via Wikimedia Commons
164p. 선인장 Bernard Gagnon, CC BY-SA 3.0 <https://creativecommons.org/licenses/by-sa/3.0>, via Wikimedia Commons
165p. 맹그로브 Diego Tirira, CC BY-SA 2.0 <https://creativecommons.org/licenses/by-sa/2.0>, via Wikimedia Commons
166p. 끈끈이주걱 No machine-readable author provided. Migas assumed (based on copyright claims)., CC BY-SA 3.0 <http://creativecommons.org/licenses/by-sa/3.0/>, via Wikimedia Commons
174p. 마추픽추 machu picchu, icelight from Boston, MA, US, CC BY 2.0 <https://creativecommons.org/licenses/by/2.0>, via Wikimedia Commons
185p. 나이팅게일 Henry Hering(1814-1893), Public domain, via Wikimedia Commons
187p. 슈바이처 Unknown author, CC0, via Wikimedia Commons
188p. 퀴리 부부 노벨상 증서 Sofia Gisberg, uploaded and retouched by Jebulon, Public domain, via Wikimedia Commons
191p. 콜럼버스 Sebastiano del Piombo, Public domain, via Wikimedia Commons
192p. 아문센 Daniel Georg Nyblin, Public domain, via Wikimedia Commons